単一焦点で描く建築レンダリング

ルネッサンスからの奥行図学
■□■
美術系から数学系に変えた５００年の英知

Researcher　　Ikuo Higuchi

Architectural rendering in one focus

Depth Drawing from the Renaissance
■□■
500 years of wisdom that changed from art to mathematics

はじめに

古代から言葉や文書で伝わらない物は絵を描きます。建築物等の完成予想図を欧米では「建築レンダリング」と云い、日本では「建築パース」と云います。
パースを描く初期工程は下図を描く作業です。しかし「パースの本を何冊買っても下図が描けない」「パースの良い本がない」と云われています。

実は、パースの下図は起点からの「パースライン」で描き、下図の描き方には「数学系」と「美術系」があります。
美術系は「画家達が考案した絵画用の図法」で、起点が取れない時は勘で描くので「絵心がない人」は描けません。
数学系は「学者達が考案したパース用の図学」で、単一の起点で正確に描けるので「絵心がない人」でも描けます。

習得方法

当書は数学系「奥行図学」テキストで、中学レベルの易しい図学だから誰でも下図が描けるように成ります。
尚、「奥行図学」とは美術系の多種多様な図法と区別する為の「造語」で、他の用語も類書と多少違います。

先ずは、数学系と美術系の違いを確認し、その後は妨げに成る美術系は一旦忘れて下さい。
図面解説と練習問題を繰り返し徐々に習得する独自プログラムで疑問点も自然解明します。

美術系から数学系変えた５００年の英知

ルネッサンス期に正確なパースを求められた画家達が「美術系図法の限界」を悟り、異分野の学者達に新たな描き方を委ねたのが始まりです。
その後、約５００年以上に渡り「数学系図学の可能性」を信じた大勢の学者達に依って「空間追究の英知」を積み重ねた成果が奥行図学です。
奥行図学は「設計図をパースに変換・合成」する、３ゾーン構成の数学系図学で、単一焦点で描きます。

ルネッサンス期からの図学専門書は語学の壁などから難しく、せめて建築士として幾つかの図面解読を試みました。
これらの成果と建築レンダラーとしての作図経験を基に「奥行図学の良い本」を構成に残す一心で書きました。

下図を描くことは最初の一歩で、多少複雑な初期設定を理解すると一般レベルの図学です。
図面解説を多用し、なるべく解り易く書きました。練習問題は美術系図法に惑わされず必ず最後迄やり遂げて下さい。

Researcher Ikuo Higuchi

■■■ 目次 ■■■

■■■ 奥行図学専門用語 ■■■

※類書と違う用語もあります。

■基礎的用語

用語	意味	参考
平面ゾーン	平面図をパース奥行に変換するゾーン	奥行は変換線で取得
実長ゾーン	立面図をパース高さに変換するゾーン	各奥行で高さを取得
作図ゾーン	変換したパース情報を合成するゾーン	パース下図を作図

■ライン系用語

用語	意味	参考
目高	目の高さ（地平線）	EL アイレベル
地上	地面の高さ（任意）	GL グランドレベル
変換線	パース奥行に変換する線（任意）	CL チエンジライン
パースライン	焦点（起点）から描く直線	PL パースライン
実長（実）	立面図の高さを記入（任意）	実P 実長を取る点

※実長は最低でも2ヶ所設定。必要に応じて何ヵ所でも設定する。

■ポイント系用語

用語	意味	参考
焦点	パースラインを描く起点	FP フォーカスポイント
立点	物を見る点（位置）	SP スタンドポイント
仮焦点	仮設の焦点	仮FP 仮フォーカスポイント

■■ 作図用具 ■■

用具	参考
製図板（合板）	A1／840mm×594mm ※木製でなるべく大きい物
T定規（両面）	製図板の横幅より長い物 ※左右両面で使える物
三角定規	底辺の長さが30cm位の物 ※大小複数
レイアウト用紙	A2／A3／A4／B3等 ※下図を描く用紙
シャープペンシル	0.3mm／0.5mm ※芯の硬さHB／2H等
三角スケール	30cm／20cm／10cm等
その他	雲形定規、ボールペン、セロテープ、紙テープ、消しゴム等

※着彩時は別途に多数の用具が必要となります。

■■ 紙のサイズ規格 ■■

世界規格　A版　A0≒1㎡	日本規格　B版　B0≒1.5㎡
A0＝841×1189	B0＝1030×1456
A1＝594×841	B1＝728×1030
A2＝420×594	B2＝515×728
A3＝297×420	B3＝364×515
A4＝210×297	B4＝257×364

■■■ Step 1 ■■■

パースの用途で下図の描き方を使い分けるのが基本です。

パースは起点からのパースラインで描き、起点のことを数学系では焦点と云い、美術系では消点と云う。

上下の起点は垂線で代用する近似法です。

図B

「遥か彼方」の焦点方向

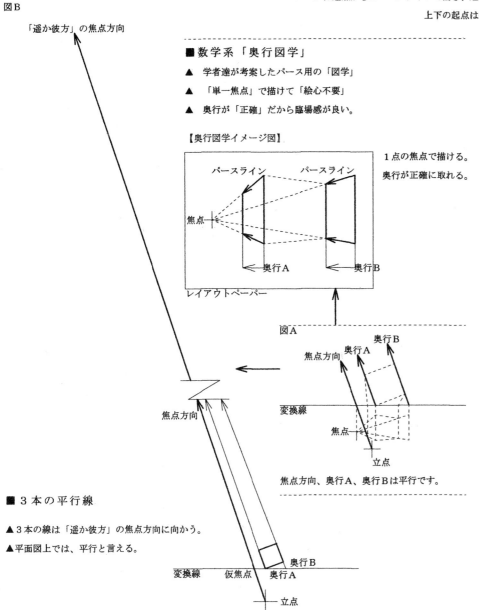

■ 数学系「奥行図学」

▲　学者達が考案したパース用の「図学」

▲　「単一焦点」で描けて「絵心不要」

▲　奥行が「正確」だから臨場感が良い。

【奥行図学イメージ図】

パースライン　パースライン

焦点

奥行A　奥行B

レイアウトペーパー

1点の焦点で描ける。
奥行が正確に取れる。

図A

奥行A　奥行B

焦点方向

変換線

焦点

立点

焦点方向、奥行A、奥行Bは平行です。

■３本の平行線

▲３本の線は「遥か彼方」の焦点方向に向かう。
▲平面図上では、平行と言える。

焦点方向

変換線　仮焦点　奥行A

奥行B

立点

■ 美術系「透視図法」　　　　（簡略透視図法、２点透視図法など）

▲　画家達が考案した絵画用の「図法」

▲　「取れない消点」は勘で描き「絵心必須」

▲　奥行が「勘」だから想い通りに描ける。

【透視図法イメージ図】

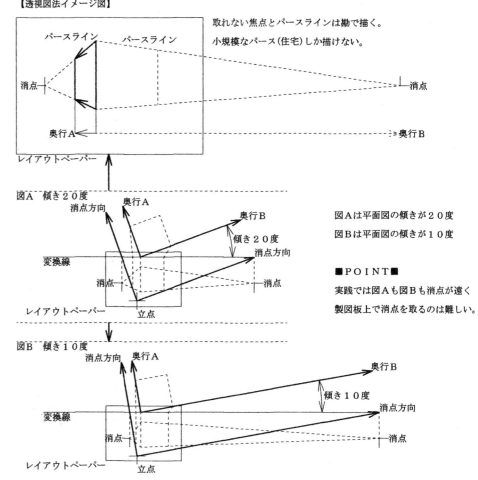

パースライン　パースライン

消点　　　　　　　　　　　　　　消点

奥行A　　　　　　　　　　　　　奥行B

レイアウトペーパー

取れない焦点とパースラインは勘で描く。

小規模なパース（住宅）しか描けない。

図A　傾き２０度

消点方向　　奥行A

奥行B

変換線

消点　　　　　　　消点方向　傾き２０度

消点

レイアウトペーパー　立点

図Aは平面図の傾きが２０度

図Bは平面図の傾きが１０度

■ＰＯＩＮＴ■

実践では図Aも図Bも消点が遠く
製図板上で消点を取るのは難しい。

図B　傾き１０度

消点方向　奥行A

奥行B

変換線

消点　　　　　　　傾き１０度　消点方向

消点

レイアウトペーパー　立点

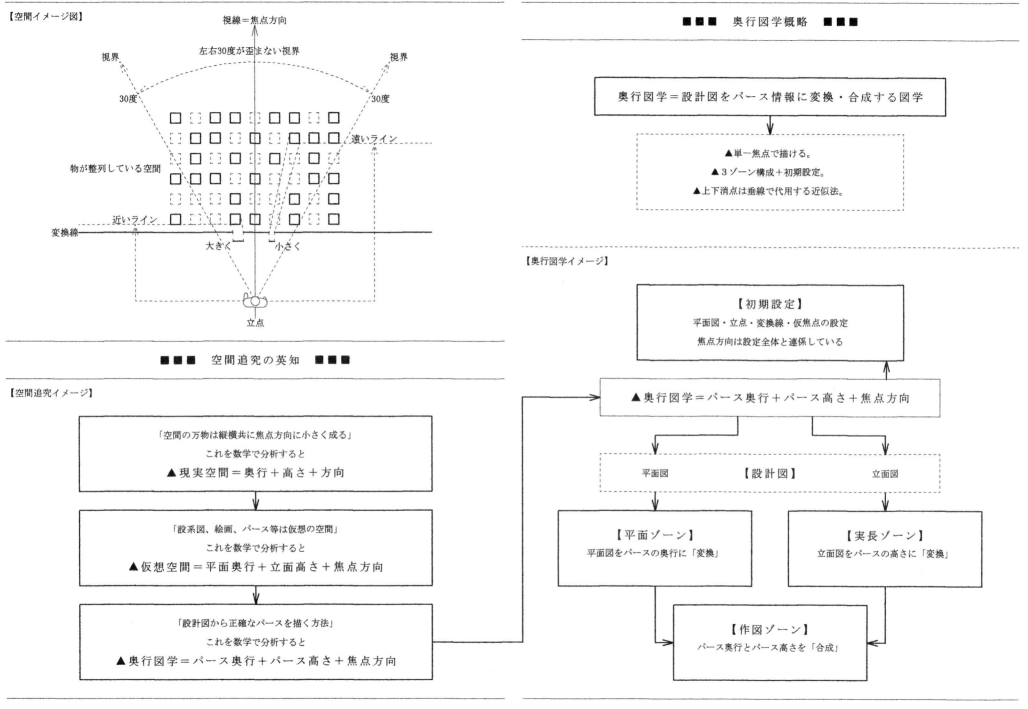

【空間イメージ図】

視線＝焦点方向

左右30度が歪まない視界

視界　　　　　　　　　　　　　　視界

30度　　　　　　　　　　　　　　30度

遠いライン

物が整列している空間

近いライン

変換線

大きく　　小さく

立点

■■■　奥行図学概略　■■■

奥行図学＝設計図をパース情報に変換・合成する図学

▲単一焦点で描ける。

▲3ゾーン構成＋初期設定。

▲上下消点は垂線で代用する近似法。

■■■　空間追究の英知　■■■

【空間追究イメージ】

「空間の万物は縦横共に焦点方向に小さく成る」

これを数学で分析すると

▲現実空間＝奥行＋高さ＋方向

「設系図、絵画、パース等は仮想の空間」

これを数学で分析すると

▲仮想空間＝平面奥行＋立面高さ＋焦点方向

「設計図から正確なパースを描く方法」

これを数学で分析すると

▲奥行図学＝パース奥行＋パース高さ＋焦点方向

【奥行図学イメージ】

【初期設定】

平面図・立点・変換線・仮焦点の設定

焦点方向は設定全体と連係している

▲奥行図学＝パース奥行＋パース高さ＋焦点方向

平面図　　【設計図】　　立面図

【平面ゾーン】

平面図をパースの奥行に「変換」

【実長ゾーン】

立面図をパースの高さに「変換」

【作図ゾーン】

パース奥行とパース高さを「合成」

■■　　　下図～完成へ　　■■

提出用下図

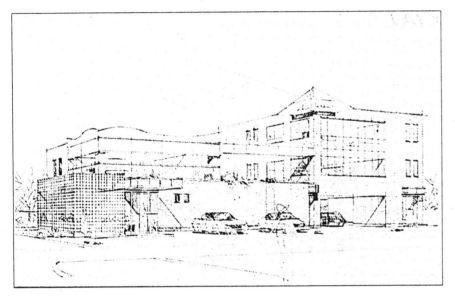

レンダリング図

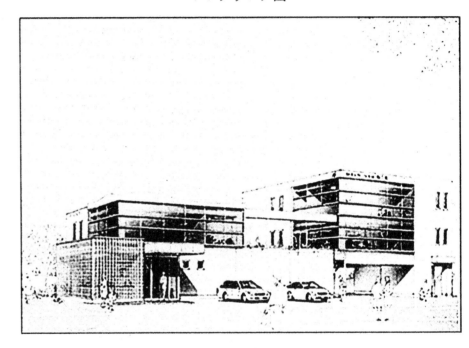

■■■　Step 2　■■■

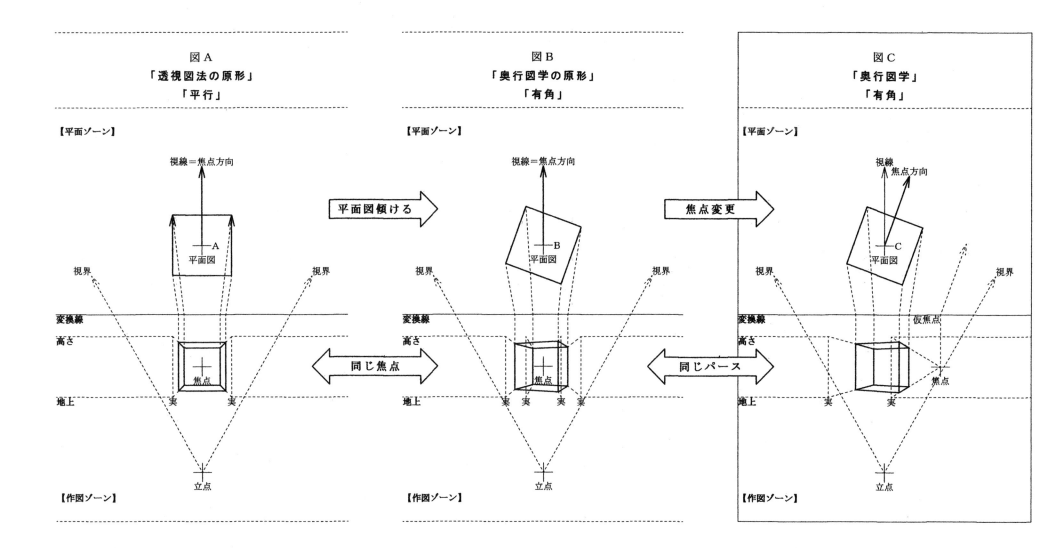

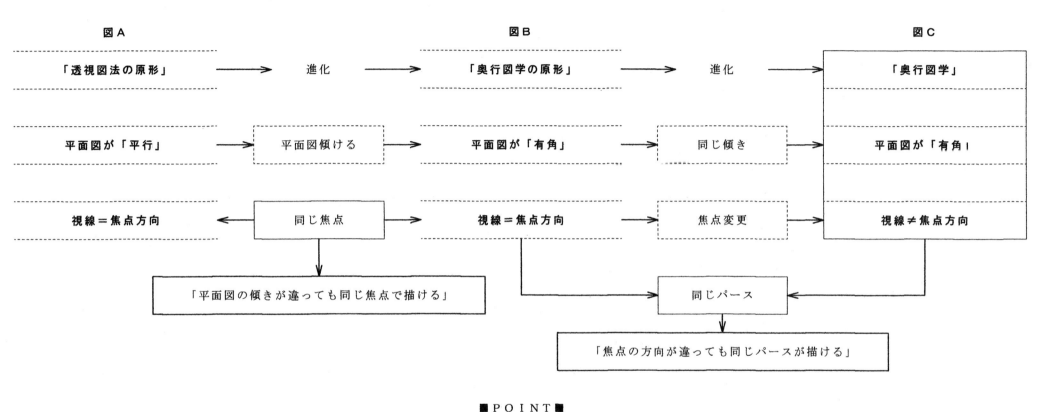

■ＰＯＩＮＴ■

「奥行図学は単一焦点で描ける」

「視界内に仮焦点が有ると、平面図の傾きと無関係で描ける」

但し「複数物体の場合は、物体ごとに焦点を設定できる」

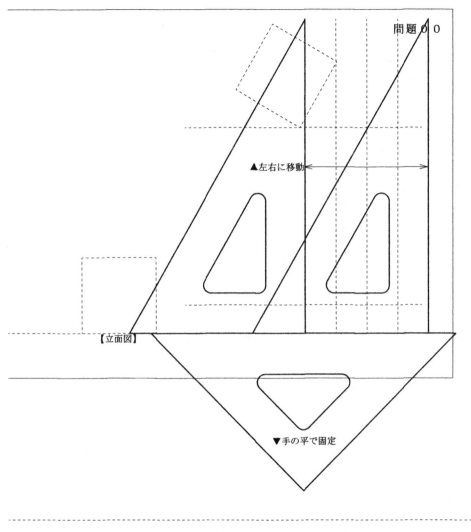

問題〇〇

▲左右に移動

【立面図】

▼手の平で固定

■■　三角定規の使い方　■■

▲二等辺三角定規の底辺をＧＬに合わせ上部三角定規の90度を垂直設定する。

▲二等辺三角定規を手の平で固定し上部三角定規を指先で左右に移動する。

本来であれば実践で習得するのが良い。

残念だが問題の初期設定は既にしている。

実践では、変換線、立点、地上線などを設定する。

これを念頭に置いて練習して下さい。

▲問題は必ず最後まで描いて下さい。

▲問題のコピーで何回も練習できる。

■■　解 き 方　■■

▲製図用の三角定規を用意。

※辺の長さが18cm位の物。直角、直線が正確な物。

▲トレーシングペーパーに描くか、コピーして描く。

▲裏面の解答の上にに重ねて答え合わせをする。

※間違いは必ず修正して下さい。

▲立点にピンを刺さないで下さい。

▲強く描かないで下さい。

▲問題をコピーして製図板で描くのがベストです。

▲製図板、Ｔ定規などが必要です。

■■■ Step 3 ■■■

【平面ゾーン】

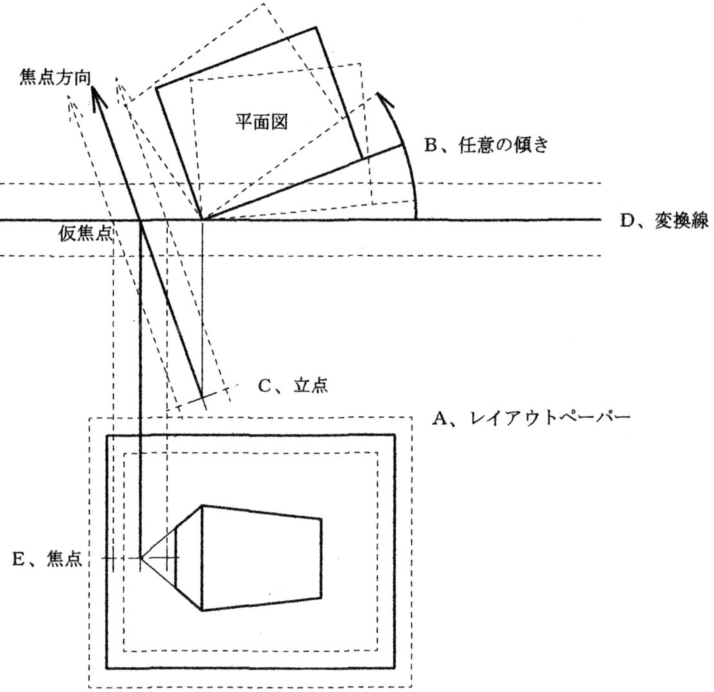

焦点方向

平面図

B、任意の傾き

仮焦点

D、変換線

C、立点

A、レイアウトペーパー

E、焦点

【作図ゾーン】

【初期設定イメージ図】

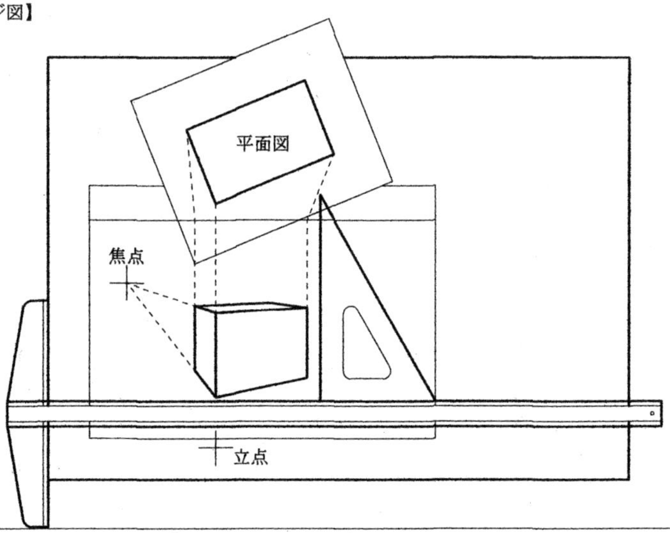

平面図

焦点

立点

初期設定

先ずは、製図板全体を敷地と想定する。

絵としてベストアングルを想定し、ジックリと考えること。

「何処に建てるか？」

「何処から見た絵を描くか？」

A、レイアウトペーパー任意設置

▲　製図板手前の作業し易い所

▲　平面図の傾きは焦点との連係に注意

B、平面図任意設置

▲　レイアウトペーパー上部

▲　何処から見るかで傾きを決める

初期設定　——　C、立点任意設定

▲　平面図下部に距離と方向を考慮

▲　作業し易い所

D、変換線任意設定

▲　平面図をパース奥行に変換する線

▲　上下で下図の大きさが決まる

E、焦点設定

▲　平面図の傾きと連係し焦点が取れる。

■ＰＯＩＮＴ■

平面図、立点、変換線を順次に任意設定する。

但し、一旦設定すると全部が連係します。

▲　十分考慮した上で注意深く設定します。

立点の左右でパースの焦点とアングルが変化する。

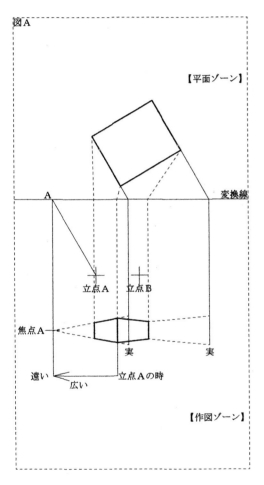

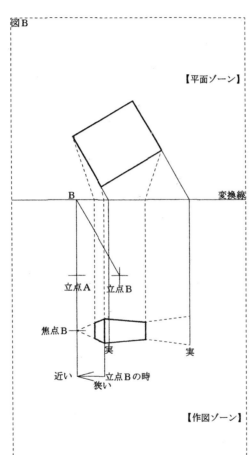

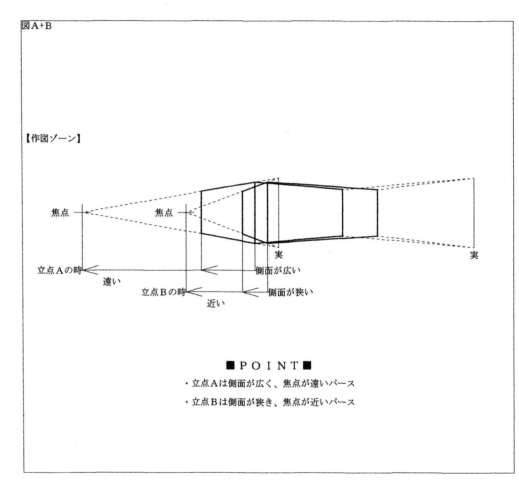

■ＰＯＩＮＴ■

・立点Aは側面が広く、焦点が遠いパース

・立点Bは側面が狭き、焦点が近いパース

立点の左右でパースの焦点とアングルが変化する。

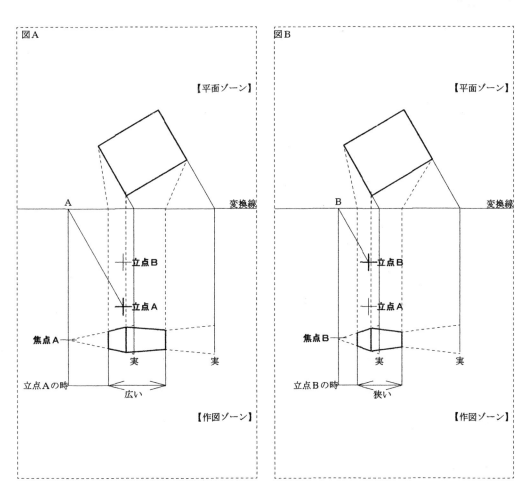

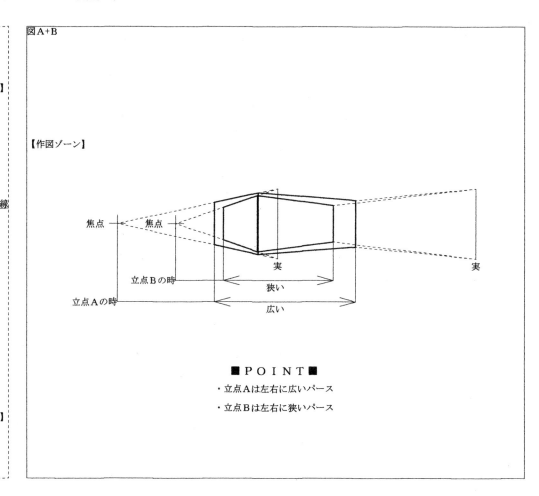

変換線の上下でパースの焦点とアングルが変化する。

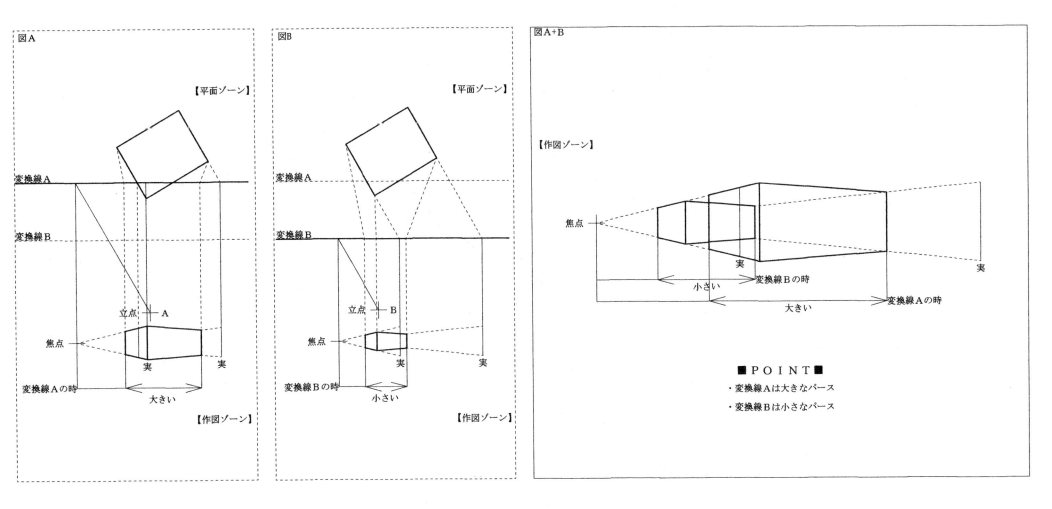

■ＰＯＩＮＴ■

・変換線Aは大きなパース

・変換線Bは小さなパース

■■■　Step 4　■■■

■何度か指でなぞって覚える

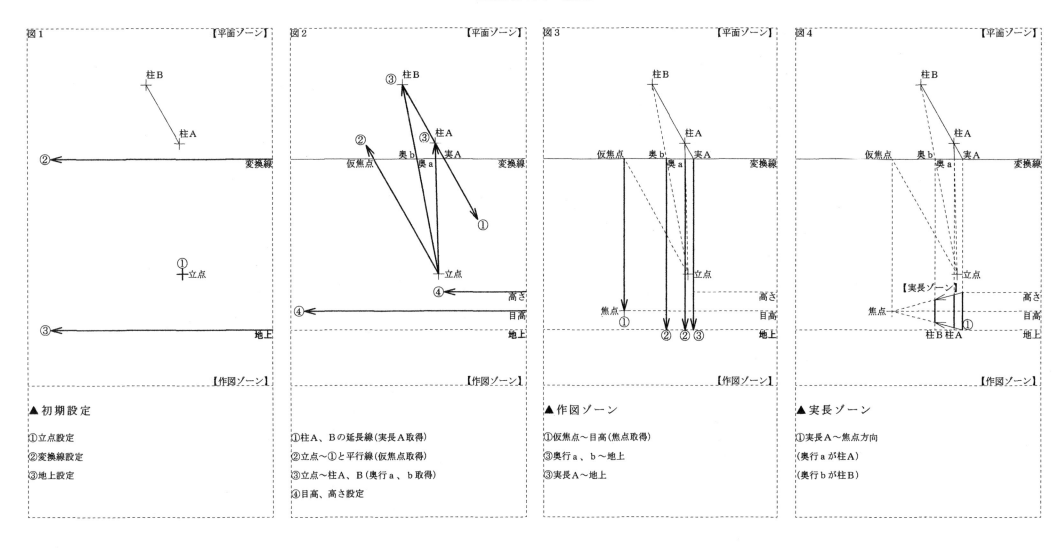

▲ 初期設定

①立点設定

②変換線設定

③地上設定

▲ 作図ゾーン

①柱A、Bの延長線（実長A取得）

②立点〜①と平行線（仮焦点取得）

③立点〜柱A、B（奥行a、b取得）

④目高、高さ設定

▲ 作図ゾーン

①仮焦点〜目高（焦点取得）

③奥行a、b〜地上

③実長A〜地上

▲ 実長ゾーン

①実長A〜焦点方向

（奥行aが柱A）

（奥行bが柱B）

■何度か指で指でなぞって覚える

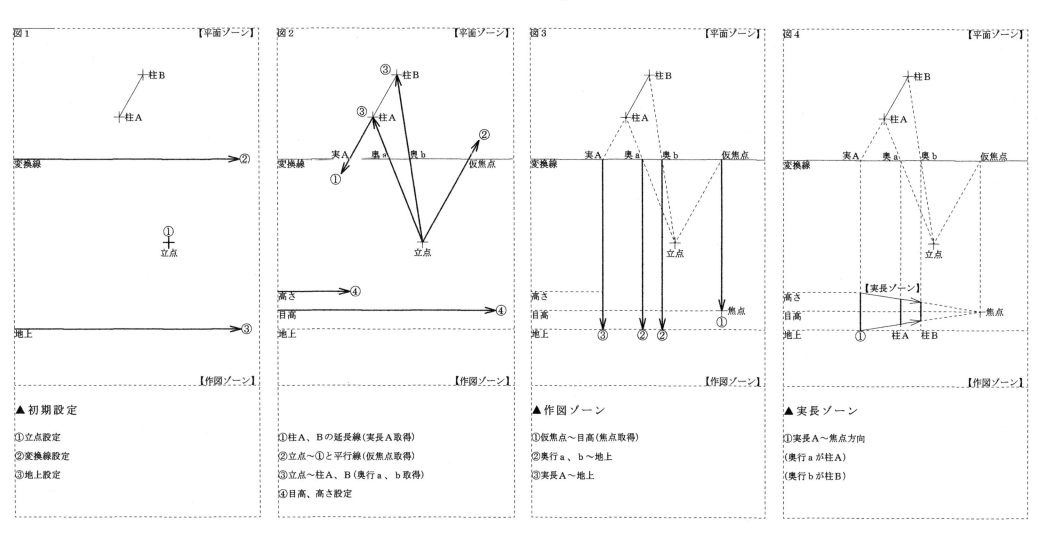

▲ 初期設定

①立点設定

②変換線設定

③地上設定

▲ 作図ゾーン

①柱A、Bの延長線（実長A取得）

②立点～①と平行線（仮焦点取得）

③立点～柱A、B（奥行a、b取得）

④目高、高さ設定

▲ 作図ゾーン

①仮焦点～目高（焦点取得）

②奥行a、b～地上

③実長A～地上

▲ 実長ゾーン

①実長A～焦点方向

（奥行aが柱A）

（奥行bが柱B）

■■■　練習問題　■■■　　1 〜 4　　■■■

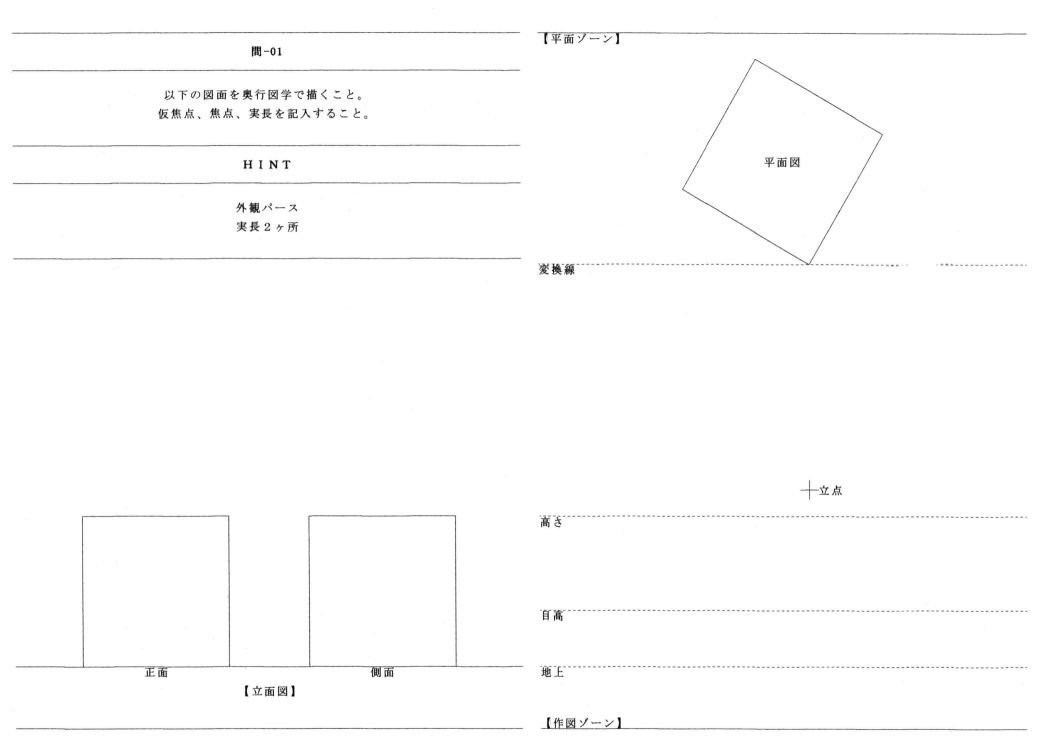

問-01

以下の図面を奥行図学で描くこと。
仮焦点、焦点、実長を記入すること。

HINT

外観パース
実長2ヶ所

【平面ゾーン】

平面図

変換線

十立点

高さ

目高

地上

正面　　　　側面

【立面図】

【作図ゾーン】

答-01

3本の平行線を描く。
作図ゾーンに実長を描く。
焦点に向けてパースラインを描く。

POINT

外観パースの基本形。
繰り返して身に付ける。

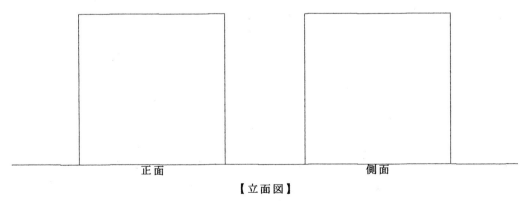

正面　　　　　側面
【立面図】

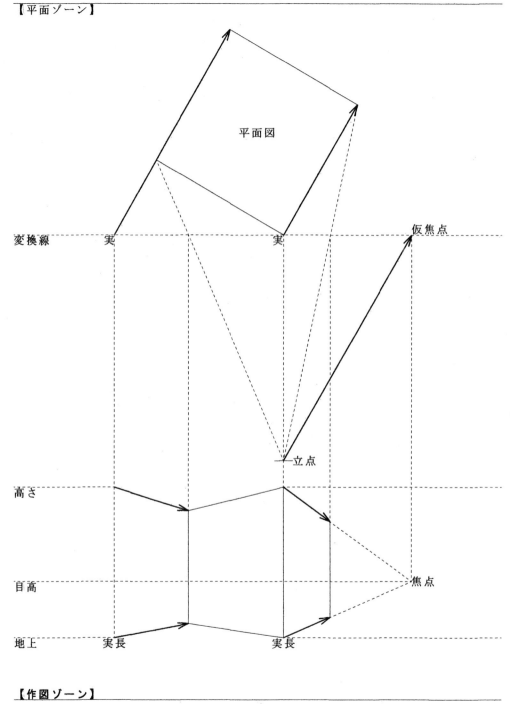

【平面ゾーン】

平面図

変換線　　　実　　　　　実　　　　　　　仮焦点

立点

高さ

目高　　　　　　　　　　　　　　　　　　焦点

地上　　　実長　　　　　実長

【作図ゾーン】

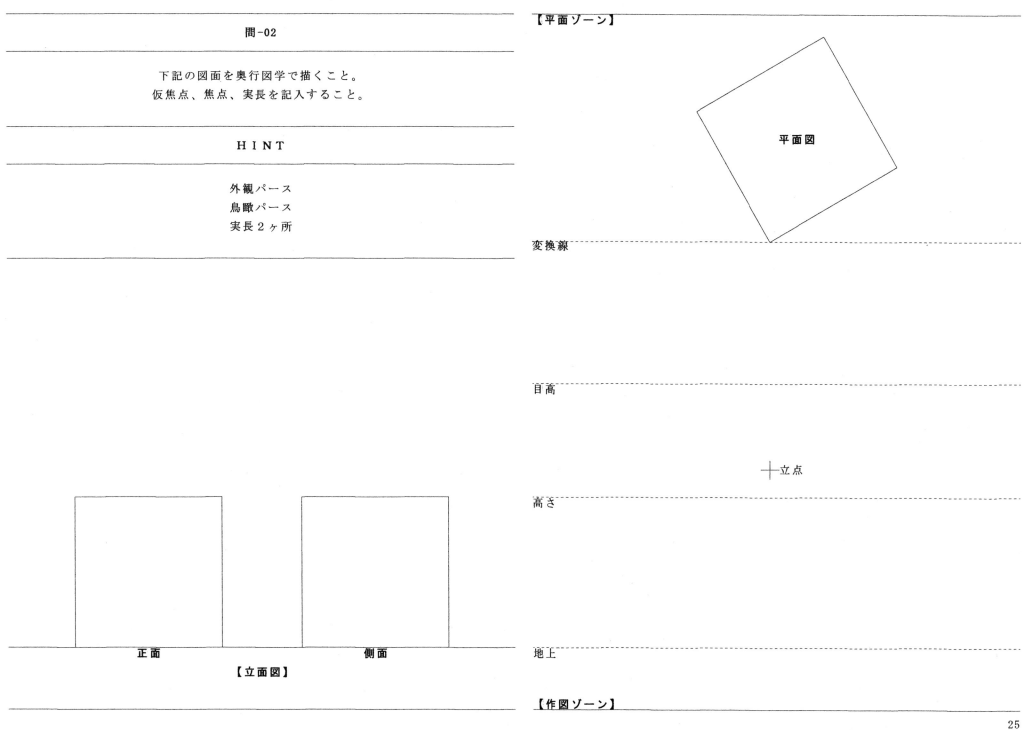

間-02

下記の図面を奥行図学で描くこと。
仮焦点、焦点、実長を記入すること。

HINT

外観パース
鳥瞰パース
実長2ヶ所

正面　　　　　側面
【立面図】

【平面ゾーン】

平面図

変換線

目高

立点

高さ

地上

【作図ゾーン】

答-02

3本の平行線を描く。
作図ゾーンに実長を描く。
焦点に向けてパースラインを描く。

POINT

鳥瞰パース基本。
目高と伴に焦点も高く成る。

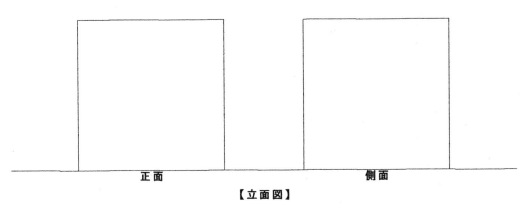

正面　　　　　側面

【立面図】

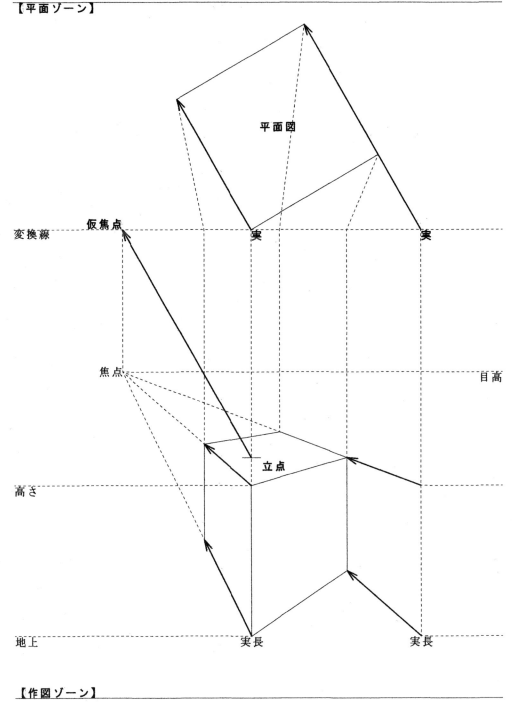

【平面ゾーン】

平面図

変換線　　仮焦点　　　　　　実　　　　　　実

焦点　　　　　　　　　　　　　　　　　　目高

立点

高さ

地上　　　　　　　　　　実長　　　　　　実長

【作図ゾーン】

問-03

下記の図面を奥行図学で描くこと。
仮焦点、焦点、実長を記入すること。

HINT

外観パース
実長2ヶ所

【平面ゾーン】

平面図

変換線

╶╂╴立点

高さ

目高

地上

【作図ゾーン】

側面　　　　　　　　正面

【立面図】

答-03

2本の平行線を描く。
作図ゾーンに実長を描く。
焦点に向けてパースラインを描く。

POINT

変換線の上下で実長点が変わる。

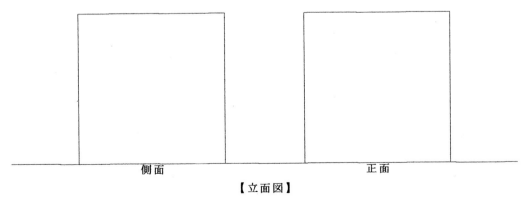

【立面図】

側面　　　　　　　　正面

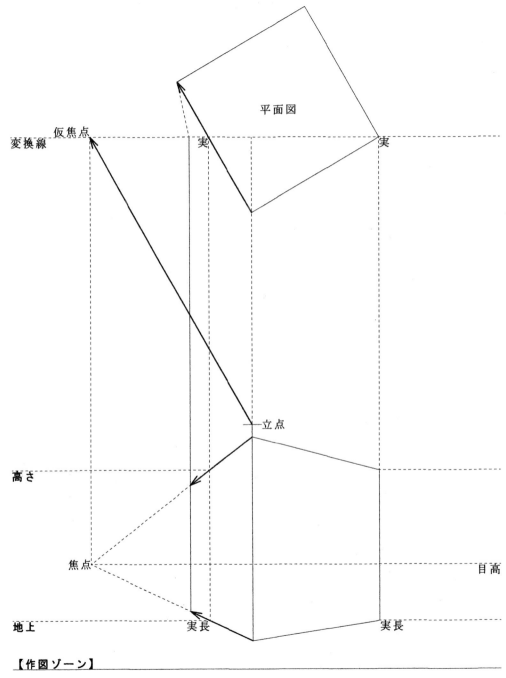

【平面ゾーン】

平面図

変換線　　仮焦点　　　　実　　　　　実

立点

高さ

焦点　　　　　　　　　　　　　　　目高

地上　　　　　　　実長　　　　　　実長

【作図ゾーン】

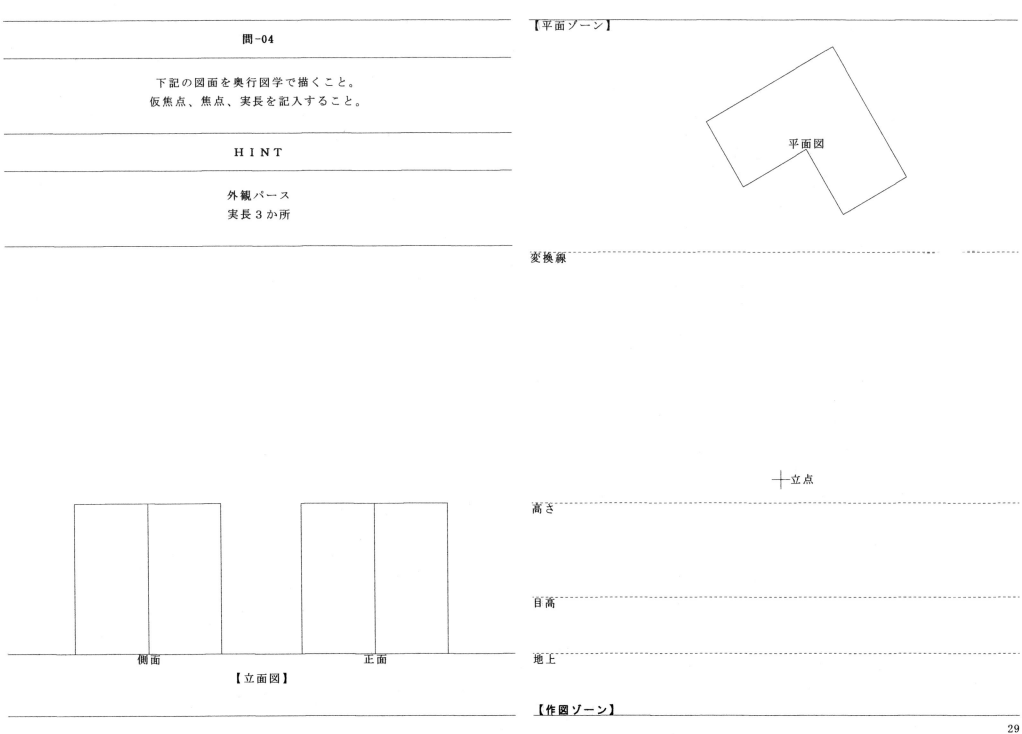

問-04

下記の図面を奥行図学で描くこと。
仮焦点、焦点、実長を記入すること。

HINT

外観パース
実長3か所

【平面ゾーン】

平面図

変換線

╋立点

高さ

目高

地上

側面　　　　　正面

【立面図】

【作図ゾーン】

答-04

3本の平行線を描く。
作図ゾーンに実長を描く。
焦点に向けてパースラインを描く。

POINT

変換線の上下に伴い実長点が変わる。
実長点の数は任意。

【平面ゾーン】

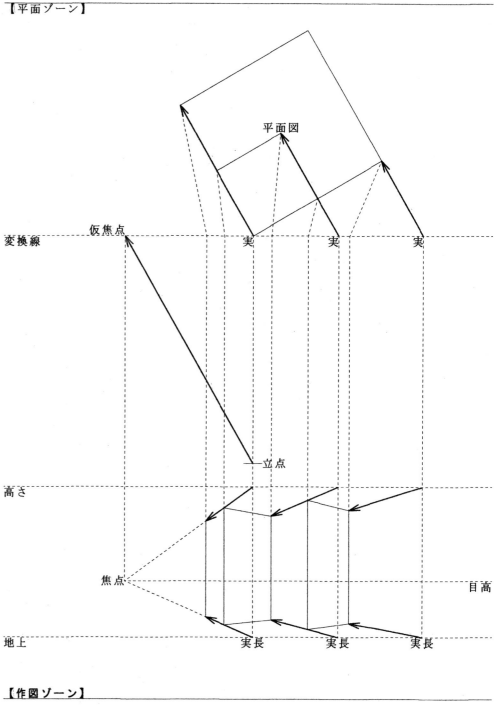

平面図

変換線　仮焦点　　実　　実　　実

立点

高さ

焦点　　　　　　　　　　　　　目高

地上　　　　　　実長　　実長　　実長

【作図ゾーン】

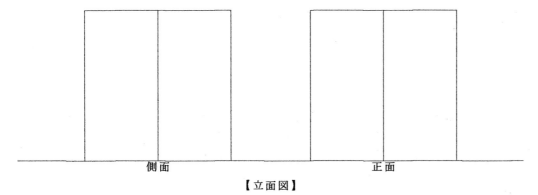

側面　　　　正面

【立面図】

■■■ Step 5 ■■■

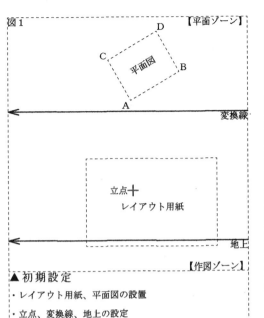

図1　　　　　　　　　　【平面ゾーン】

【作図ゾーン】

▲初期設定
・レイアウト用紙、平面図の設置
・立点、変換線、地上の設定

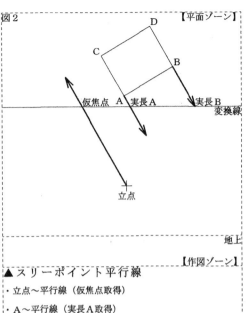

図2　　　　　　　　　　【平面ゾーン】

【作図ゾーン】

▲スリーポイント平行線
・立点〜平行線（仮焦点取得）
・A〜平行線（実長A取得）
・B〜平行線（実長B取得）

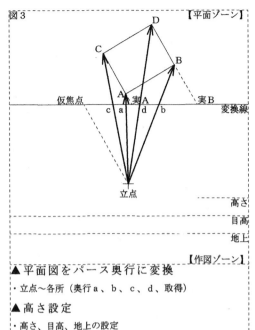

図3　　　　　　　　　　【平面ゾーン】

【作図ゾーン】

▲平面図をパース奥行に変換
・立点〜各所（奥行a、b、c、d、取得）
▲高さ設定
・高さ、目高、地上の設定

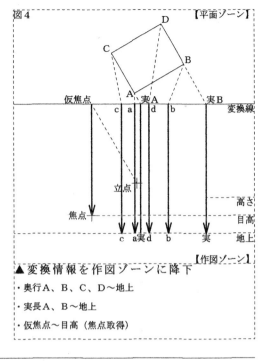

図4　　　　　　　　　　【平面ゾーン】

【作図ゾーン】

▲変換情報を作図ゾーンに降下
・奥行A、B、C、D〜地上
・実長A、B〜地上
・仮焦点〜目高（焦点取得）

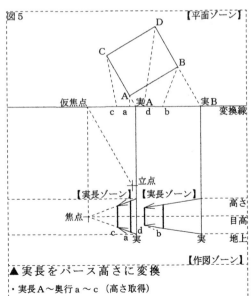

図5　　　　　　　　　　【平面ゾーン】

【作図ゾーン】

▲実長をパース高さに変換
・実長A〜奥行a〜c（高さ取得）
・実長B〜奥行b〜d（高さ取得）

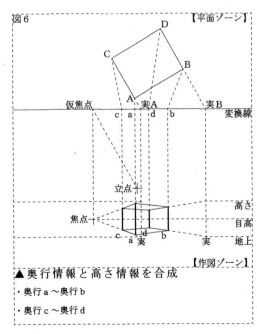

図6　　　　　　　　　　【平面ゾーン】

【作図ゾーン】

▲奥行情報と高さ情報を合成
・奥行a〜奥行b
・奥行c〜奥行d

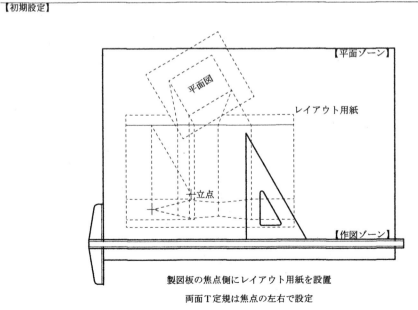

【初期設定】

製図板の焦点側にレイアウト用紙を設置

両面T定規は焦点の左右で設定

■■■予習■■■　　　※指でなぞる

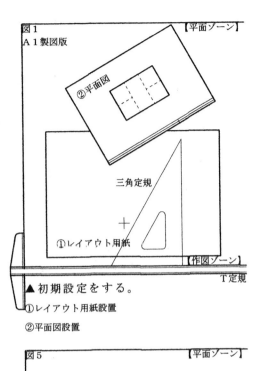

▲ 初期設定をする。

①レイアウト用紙設置

②平面図設置

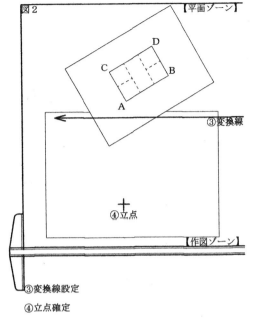

③変換線設定

④立点確定

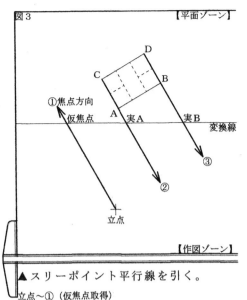

▲ スリーポイント平行線を引く。

立点～①（仮焦点取得）

A～②（実長A取得）　　B～③（実長B取得）

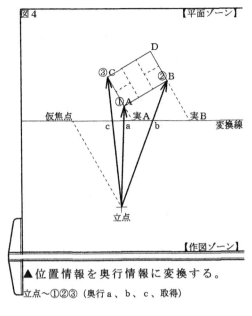

▲ 位置情報を奥行情報に変換する。

立点～①②③（奥行a、b、c、取得）

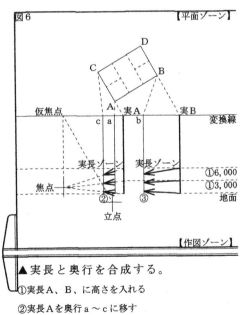

▲ 作図ゾーンに変換情報を降ろす。

①地面と目高を設定

②焦点設定

③奥行a、b、c、と実長A、Bを降ろす

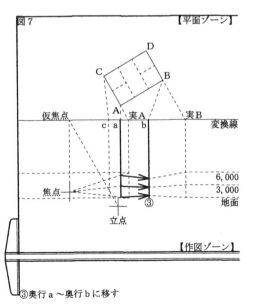

▲ 実長と奥行を合成する。

①実長A、B、に高さを入れる

②実長Aを奥行a～cに移す

③実長Bを奥行bに移す

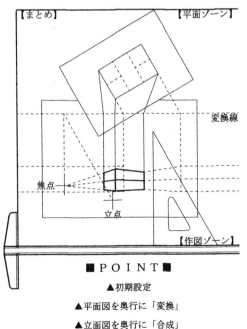

③奥行a～奥行bに移す

▲まとめ

■ＰＯＩＮＴ■

▲初期設定

▲平面図を奥行に「変換」

▲立面図を奥行に「合成」

■■■　練習問題　■■■　5〜8　■■■

問-05

下記の図面を奥行図学で描くこと。
仮焦点、焦点、実長を記入すること。

HINT

外観パース
セットバック
実長2ヶ所

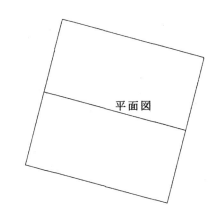

【平面ゾーン】

平面図

変換線

立点 ┼

高さ

目高

地上

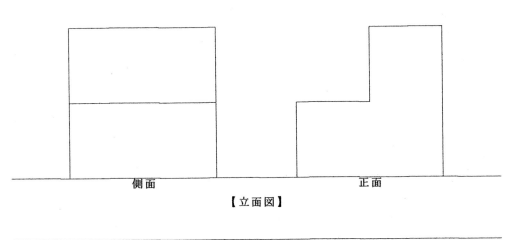

側面　　　　正面

【立面図】

【作図ゾーン】

答-05

3本の平行線を描く。
作図ゾーンに実長を描く。
焦点に向けてパースラインを描く。

要点

セットバック問題です。

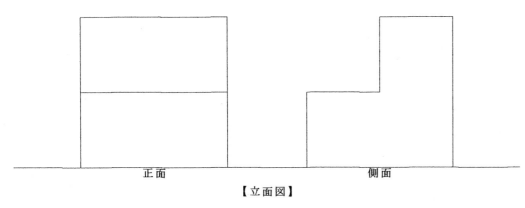

【立面図】

正面　　　　　側面

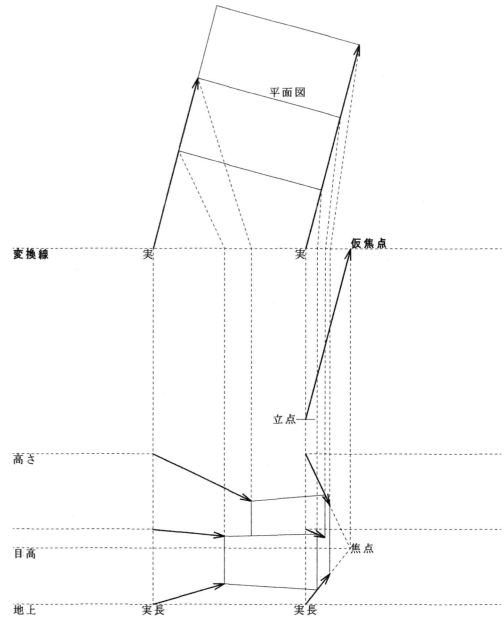

【平面ゾーン】

平面図

変換線　　　実　　　実　　仮焦点

立点

高さ

目高　　　　　　　焦点

地上　　　実長　　　実長

【作図ゾーン】

問-06

下記の図面を奥行図学で描くこと。
仮焦点、焦点、実長を記入すること。

ＨＩＮＴ

外観パース
鳥瞰パース
実長２ヶ所

【平面ゾーン】

平面図

変換線

目高

立点

高さ

地上

正面　　　　　側面

【立面図】

【作図ゾーン】

答-06

3本の平行線を描く。
作図ゾーンに実長を描く。
焦点に向けてパースラインを描く。

POINT

立方体を描いてから、セットバックさせる。

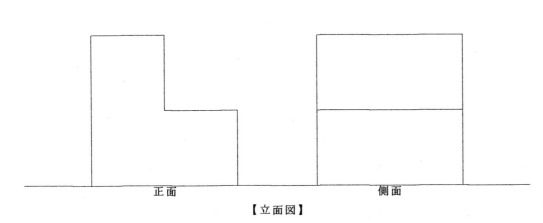

【立面図】

正面　　　側面

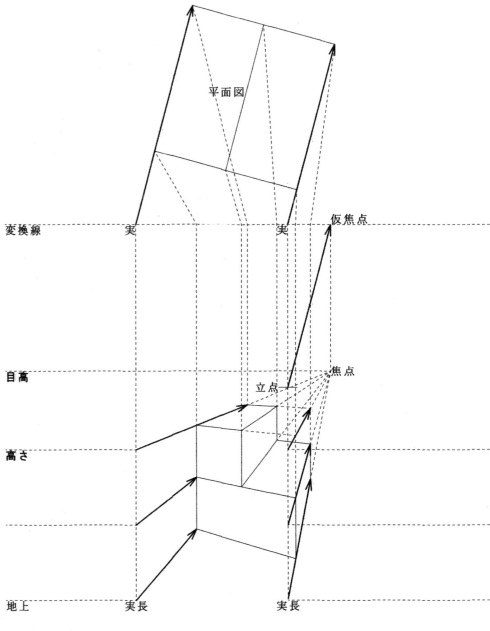

【平面ゾーン】

平面図

変換線　　実　　　　実　　仮焦点

目高　　　　　　立点　焦点

高さ

地上　　実長　　　　実長

【作図ゾーン】

38

問-07

下記の図面を奥行図学で描くこと。
仮焦点、焦点、実長を記入すること。

ＨＩＮＴ

外観パース
鳥瞰パース
実長２ヶ所

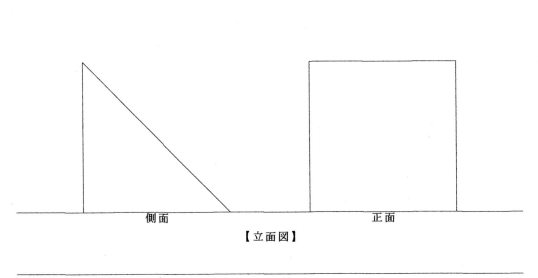

側面　　　　　　　正面

【立面図】

【平面ゾーン】

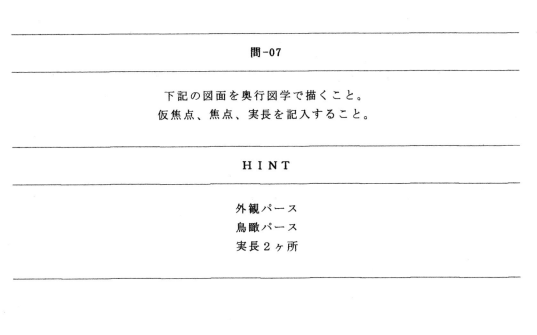

平面図

変換線

目高　　　　　　　　　　＋立点

高さ

地上

【作図ゾーン】

39

3本の平行線を描く。
作図ゾーンに実長を描く。
焦点に向けてパースラインを描く。

POINT

鳥瞰で傾斜を描く。
立方体を斜めカットする。

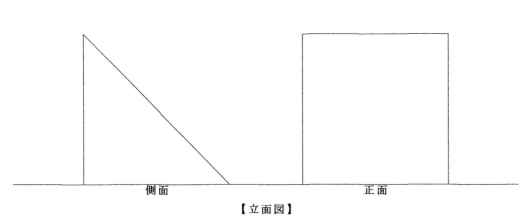

側面　　　　　　正面

【立面図】

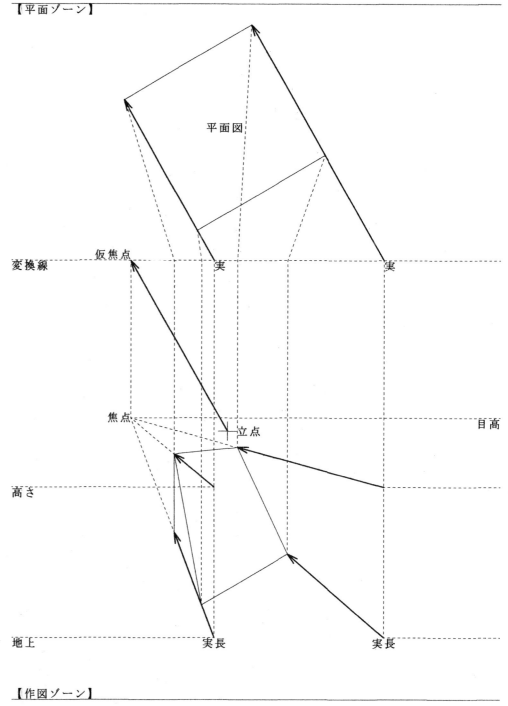

【平面ゾーン】

平面図

変換線　　仮焦点　　　実　　　　　　実

焦点　　　十立点　　　　　　　目高

高さ

地上　　　　　　　実長　　　　　　実長

【作図ゾーン】

問-08

下記の図面を奥行図学で描くこと。
仮焦点、焦点、実長を記入すること。

HINT

外観パース
斜めセットバック。
実長2ヶ所

【平面ゾーン】

平面図

変換線

立点

高さ

目高

地上

正面　　　　　　　　　側面

【立面図】

【作図ゾーン】

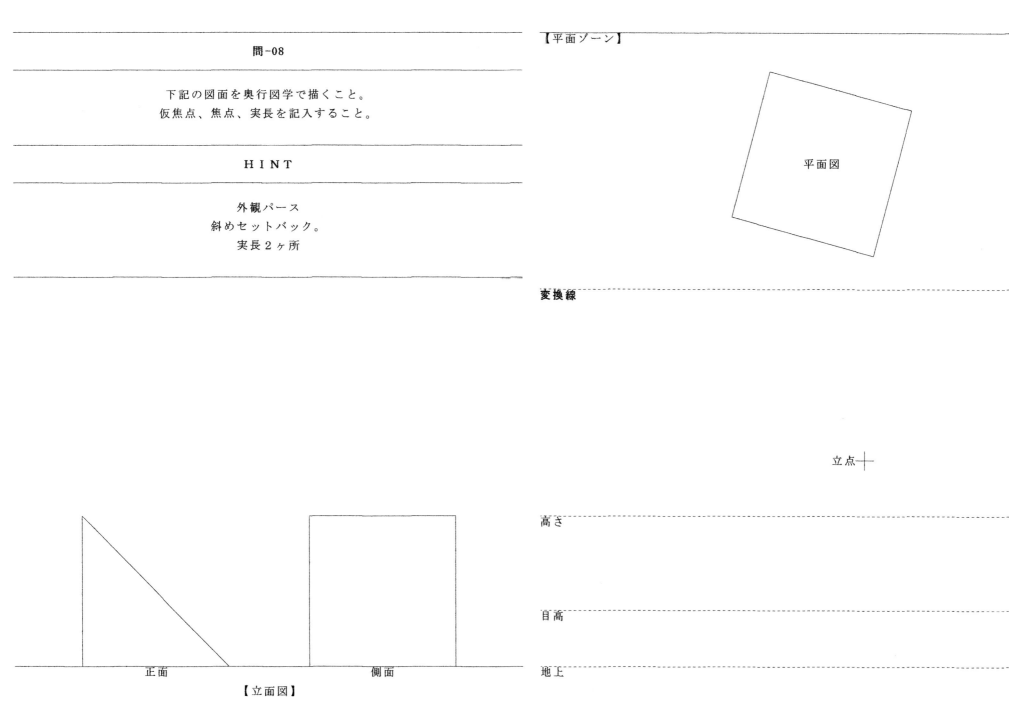

答-08

3本の平行線を描く。
作図ゾーンに実長を描く。
焦点に向けてパースラインを描く。

POINT

傾斜を描く。

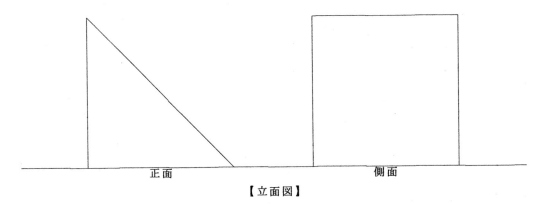

正面　　　側面

【立面図】

【平面ゾーン】

平面図

変換線　　　　　実　　　　　実　　　仮焦点

立点

高さ

目高　　　　　　　　　　　　　　　　　　焦点

地上　　　　　実長　　　　　実長

【作図ゾーン】

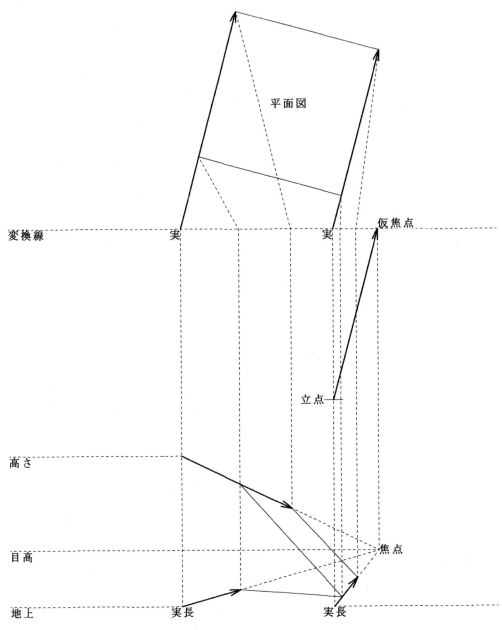

42

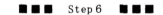 Step 6

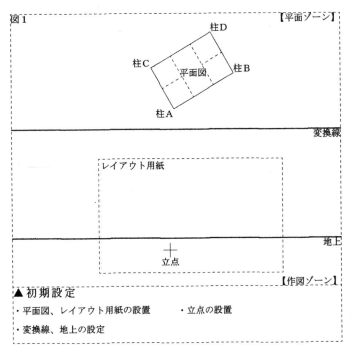

▲初期設定
・平面図、レイアウト用紙の設置　　・立点の設置
・変換線、地上の設定

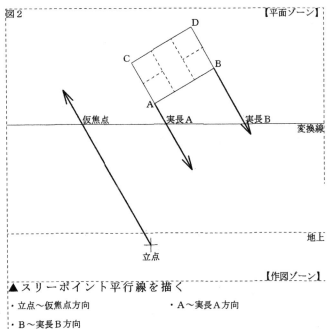

▲スリーポイント平行線を描く
・立点〜仮焦点方向　　　　　　・A〜実長A方向
・B〜実長B方向

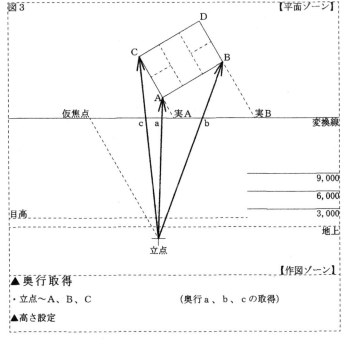

▲奥行取得
・立点〜A、B、C　　　　　　　（奥行a、b、cの取得）
▲高さ設定

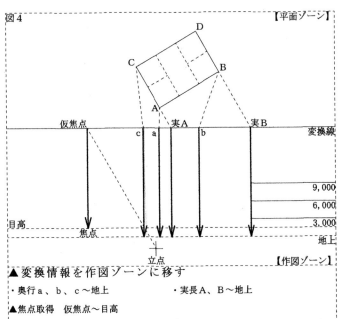

▲変換情報を作図ゾーンに移す
・奥行a、b、c〜地上　　　　・実長A、B〜地上
▲焦点取得　仮焦点〜目高

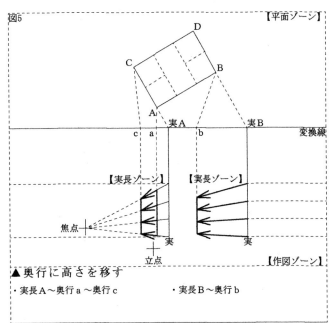

▲奥行に高さを移す
・実長A〜奥行a〜奥行c　　　・実長B〜奥行b

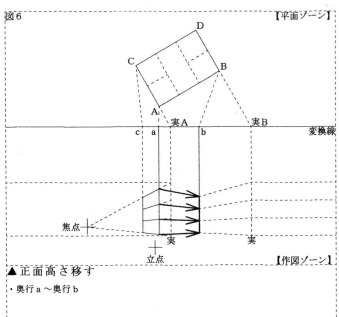

▲正面高さ移す
・奥行a〜奥行b

44

■■■ 復習「窓を描く」■■■　　　　※指でなぞる

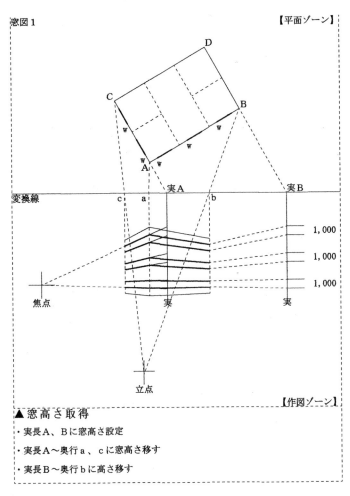

窓図1　　　　　　　　　　　　　　　【平面ゾーン】

変換線

▲ 窓高さ取得
・実長A、Bに窓高さ設定
・実長A〜奥行a、cに窓高さ移す
・実長B〜奥行bに高さ移す

【作図ゾーン】

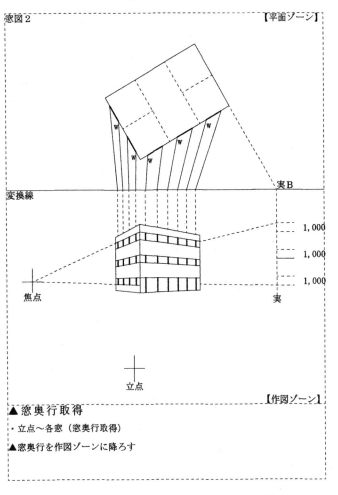

窓図2　　　　　　　　　　　　　　　【平面ゾーン】

変換線

▲ 窓奥行取得
・立点〜各窓（窓奥行取得）
▲窓奥行を作図ゾーンに降ろす

【作図ゾーン】

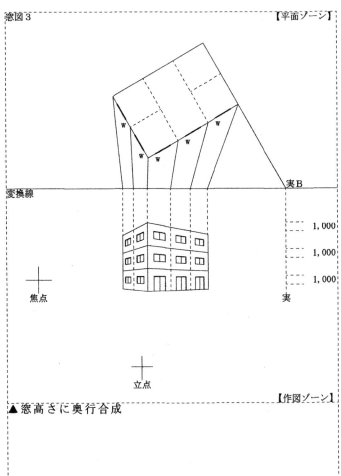

窓図3　　　　　　　　　　　　　　　【平面ゾーン】

変換線

▲ 窓高さに奥行合成

【作図ゾーン】

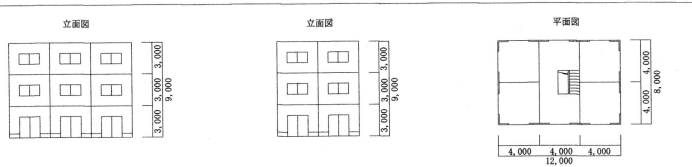

立面図　　　　　　　　　立面図　　　　　　　　　平面図

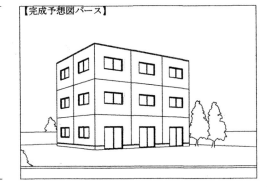

【完成予想図パース】

46

■■■ 練習問題 ■■■ 9〜12 ■■■

問-09

下記の図面を奥行図学で描くこと。
仮焦点、焦点、実長を記入すること。

HINT

外観パース
実長2ヶ所

【平面ゾーン】

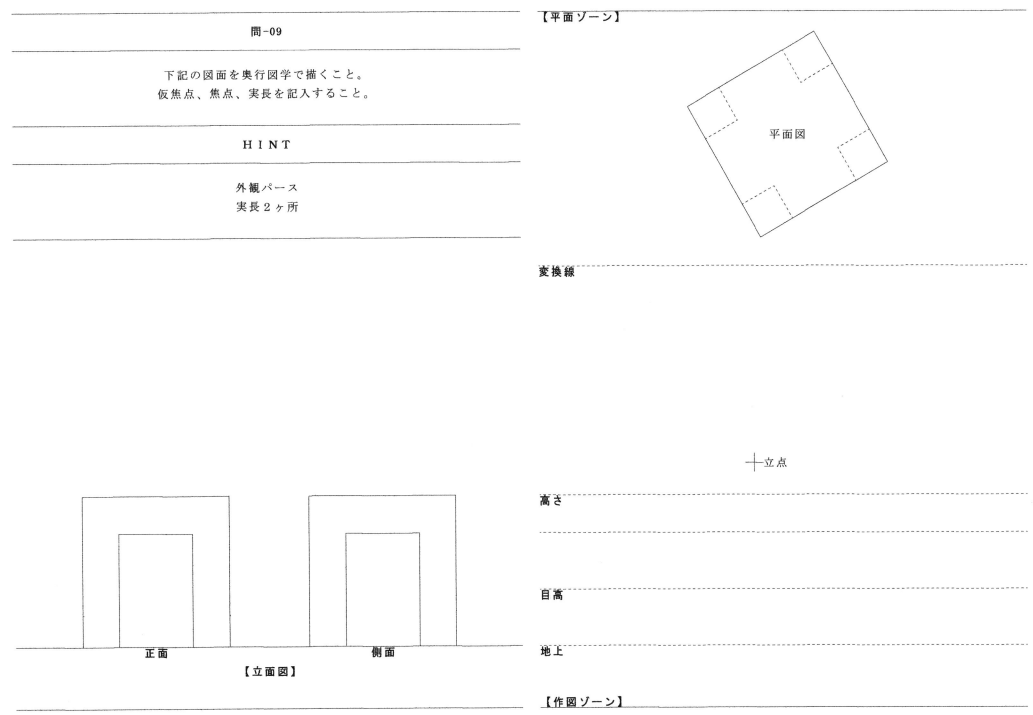

平面図

変換線

十立点

高さ

目高

地上

正面　　　　　側面

【立面図】

【作図ゾーン】

49

答-09

3本の平行線を描く。
作図ゾーンに実長を描く。
焦点に向けてパースラインを描く。

要点

立法体を描く基本問題。
少しだけ複雑。

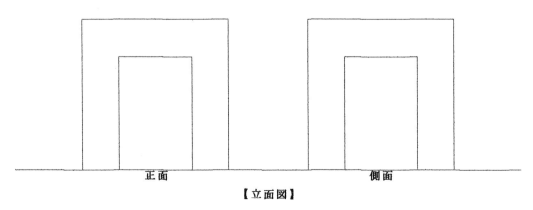

正面　　**側面**

【立面図】

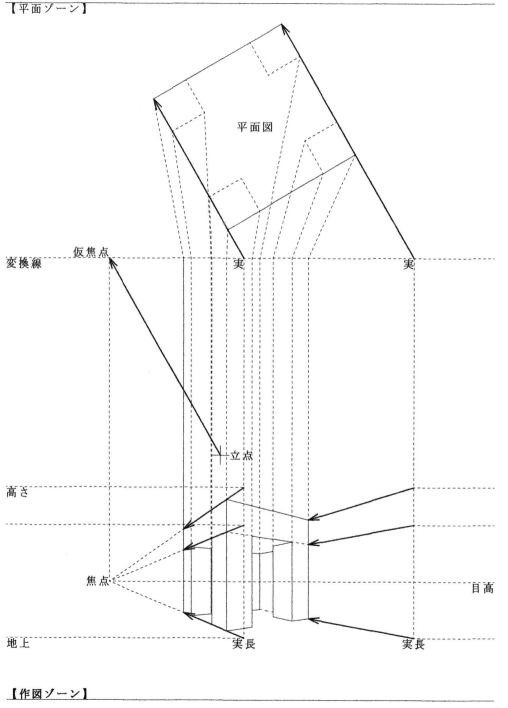

【平面ゾーン】

平面図

変換線　　仮焦点　　　　　　　　　実　　　　　　実

　　　　　　　　　　　　　　　　立点

高さ

焦点　　　　　　　　　　　　　　　　　　　　目高

地上　　　　　　　　　　　　　実長　　　　　実長

【作図ゾーン】

問-10

下記の図面を奥行図学で描くこと。
仮焦点、焦点、実長を記入すること。

H I N T

外観パース
実長2ヶ所

【平面ゾーン】

平面図

変換線

目高

十 立点

高さ

地上

【立面図】

正面　　　　　側面

【作図ゾーン】

答-10

3本の平行線を描く。
作図ゾーンに実長を描く。
焦点に向けてパースラインを描く。

HINT

住宅外観パース基本。
屋根の作図を理解する。

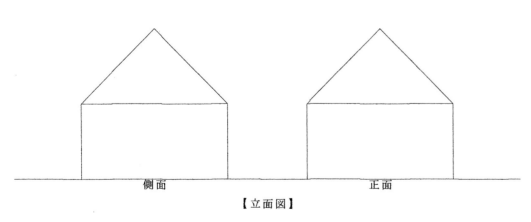

側面　　　　　正面

【立面図】

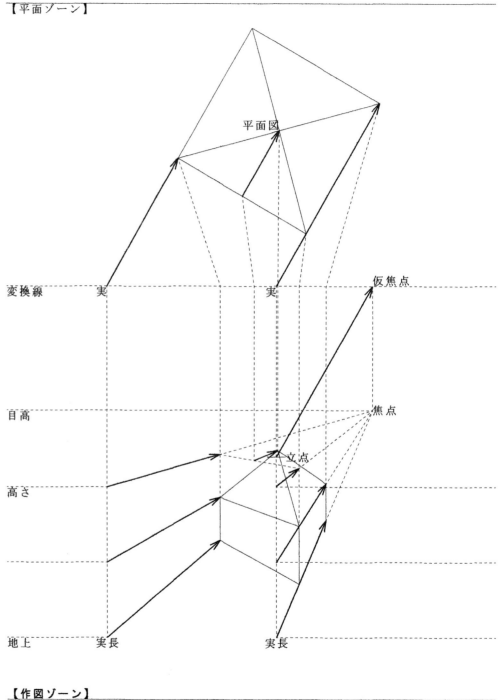

【平面ゾーン】

平面図

変換線　　実　　　　　　実　　　　仮焦点

目高　　　　　　　　　　　　　　　焦点

　　　　　　　　　　　　立点

高さ

地上　　実長　　　　　　実長

【作図ゾーン】

問-11

下記の図面を奥行図学で描くこと。
仮焦点、焦点、実長を記入すること。

HINT

外観パース
鳥瞰パース
実長2ヶ所

【平面ゾーン】

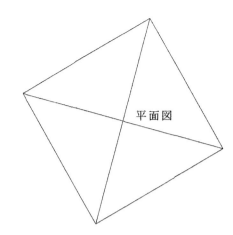

平面図

変換線 ....

目高 ....

立点 ＋

高さ ....

....

地上 ....

【作図ゾーン】

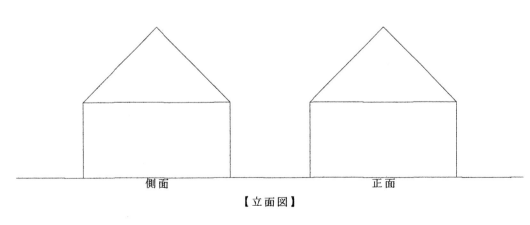

側面　　　　　　　正面

【立面図】

答-11

3本の平行線を描く。
作図ゾーンに実長を描く。
焦点に向けてパースラインを描く。

HINT

住宅外観パース基本。
屋根の作図を理解する。

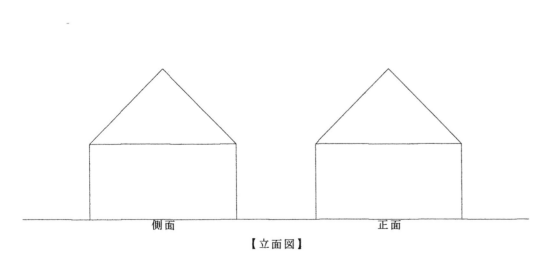

側面　　　　　　　　　正面

【立面図】

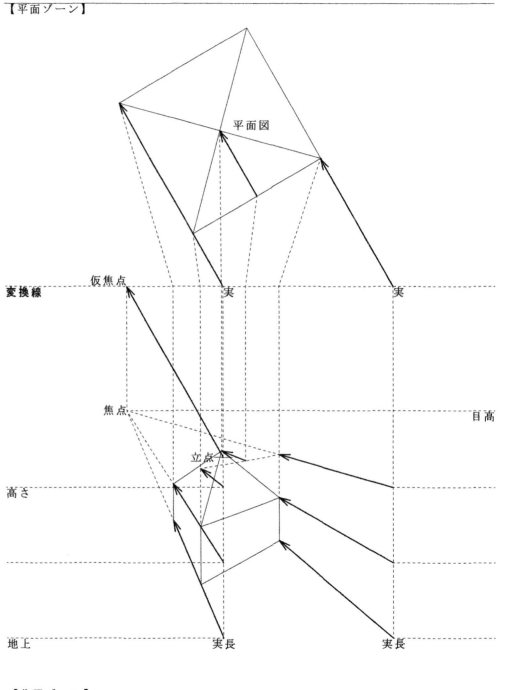

平面図

変換線　　仮焦点　　　　実　　　　　　　　実

焦点　　　　　　　　　　　　　目高

立点

高さ

地上　　　　　　　　　実長　　　　　　　　実長

【作図ゾーン】

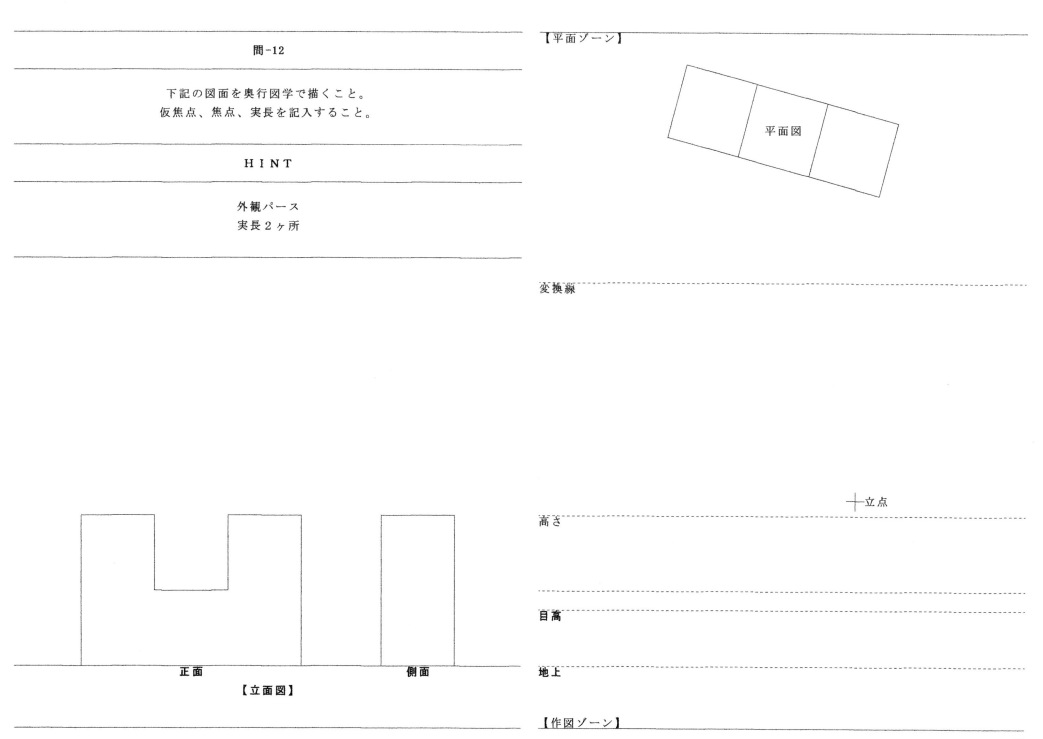

問-12

下記の図面を奥行図学で描くこと。
仮焦点、焦点、実長を記入すること。

HINT

外観パース
実長2ヶ所

【平面ゾーン】

平面図

変換線

┼立点

高さ

自高

地上

正面　　　側面

【立面図】

【作図ゾーン】

答-12

3本の平行線を描く。
作図ゾーンに実長を描く。
焦点に向けてパースラインを描く。

POINT

抜けている部分を理解する。

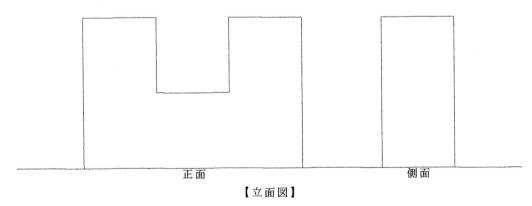

正面　　　　　　　側面

【立面図】

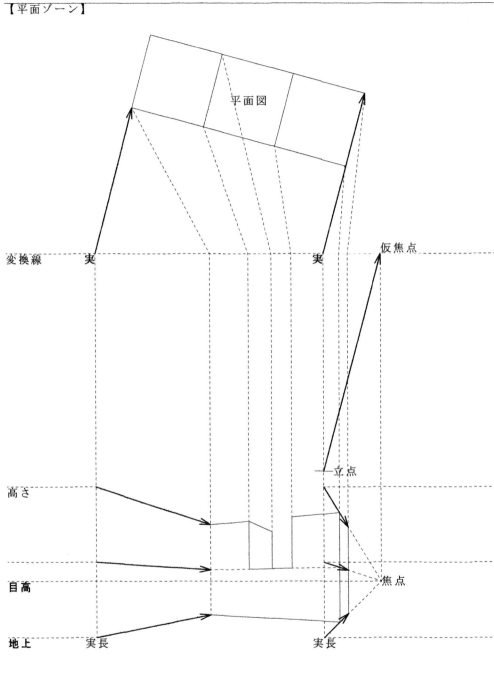

【平面ゾーン】

平面図

変換線　　実　　　　　　　　　実　　　仮焦点

高さ

立点

目高

焦点

地上　　実長　　　　　　　　実長

【作図ゾーン】

■■■ Step 7 ■■■

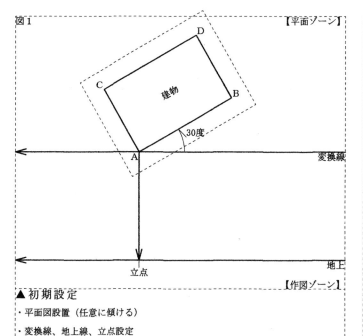

▲ 初期設定

・平面図設置（任意に傾ける）

・変換線、地上線、立点設定

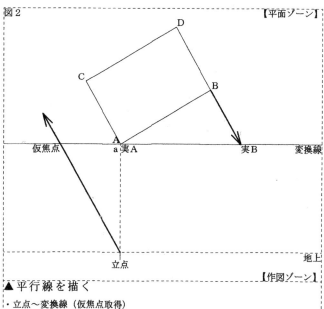

▲ 平行線を描く

・立点〜変換線（仮焦点取得）

・柱B〜変換線（実長B取得）

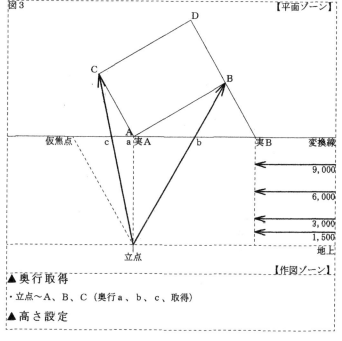

▲ 奥行取得

・立点〜A、B、C（奥行a、b、c、取得）

▲ 高さ設定

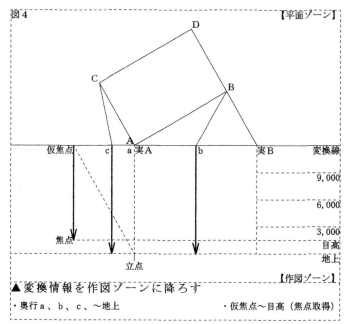

▲ 変換情報を作図ゾーンに降ろす

・奥行a、b、c、〜地上　　　　・仮焦点〜目高（焦点取得）

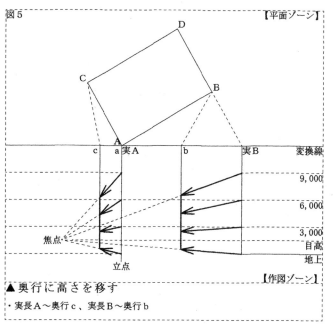

▲ 奥行に高さを移す

・実長A〜奥行c、実長B〜奥行b

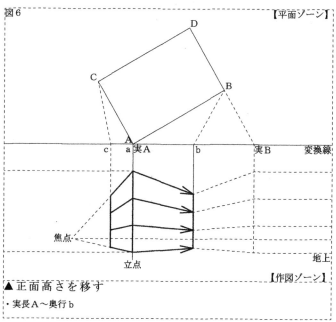

▲ 正面高さを移す

・実長A〜奥行b

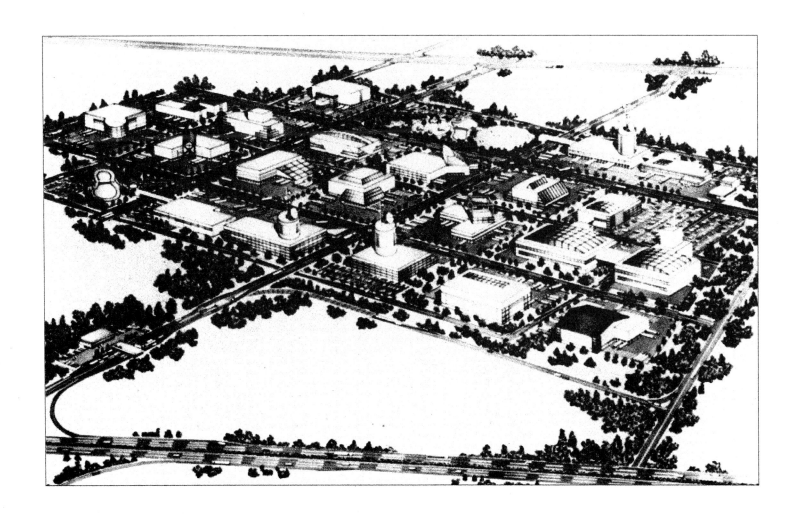

■■■ 立方体図法（簡略図法） ■■■

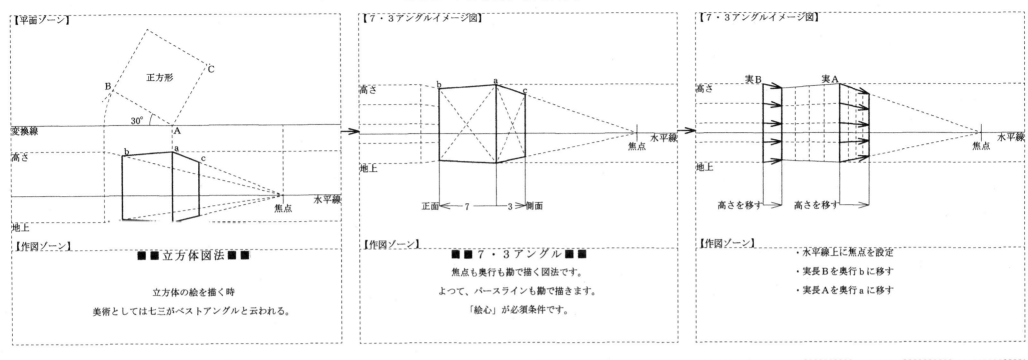

【平面ゾーン】

正方形

30°

変換線

高さ

地上

【作図ゾーン】

■■ 立方体図法 ■■

立方体の絵を描く時
美術としては七三がベストアングルと云われる。

【7・3アングルイメージ図】

高さ

地上

正面 ←7→ ←3→ 側面

水平線

焦点

【作図ゾーン】

■■ 7・3アングル ■■

焦点も奥行も勘で描く図法です。

よって、パースラインも勘で描きます。

「絵心」が必須条件です。

【7・3アングルイメージ図】

実B　実A

高さ

地上

高さを移す　高さを移す

水平線

焦点

【作図ゾーン】

・水平線上に焦点を設定

・実長Bを奥行bに移す

・実長Aを奥行aに移す

【立方体図法イメージ図】

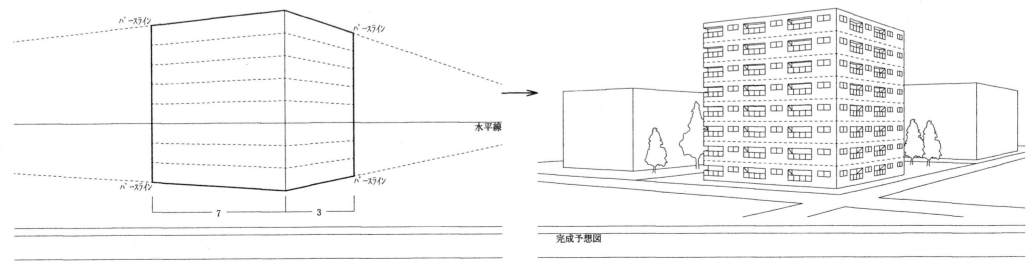

パースライン　パースライン

水平線

パースライン　パースライン

←7→ ←3→

【立方体図法例】

完成予想図

図1

【長方形2分割】

①対角線をかく　　　　②垂線をかく　　　　2分割

図3

【長方形3分割】

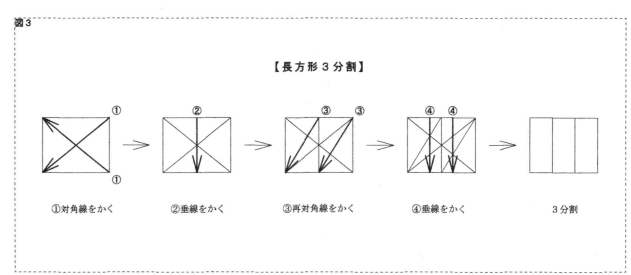

①対角線をかく　　②垂線をかく　　③再対角線をかく　　④垂線をかく　　3分割

図2

【透視図長方形2分割】

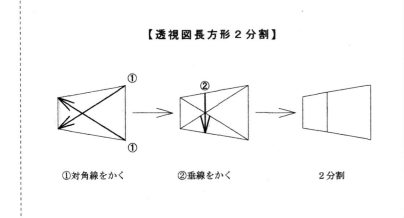

①対角線をかく　　　　②垂線をかく　　　　2分割

図4

【透視図長方形3分割】

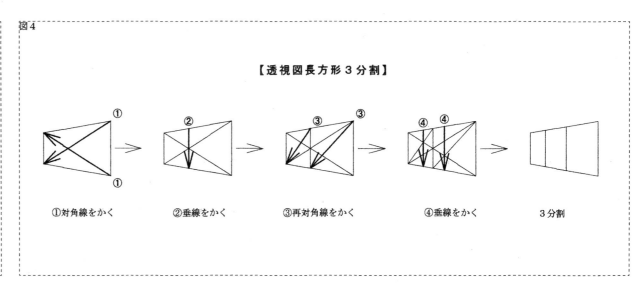

①対角線をかく　　②垂線をかく　　③再対角線をかく　　④垂線をかく　　3分割

■■■　練習問題　■■■　13〜16　■■■

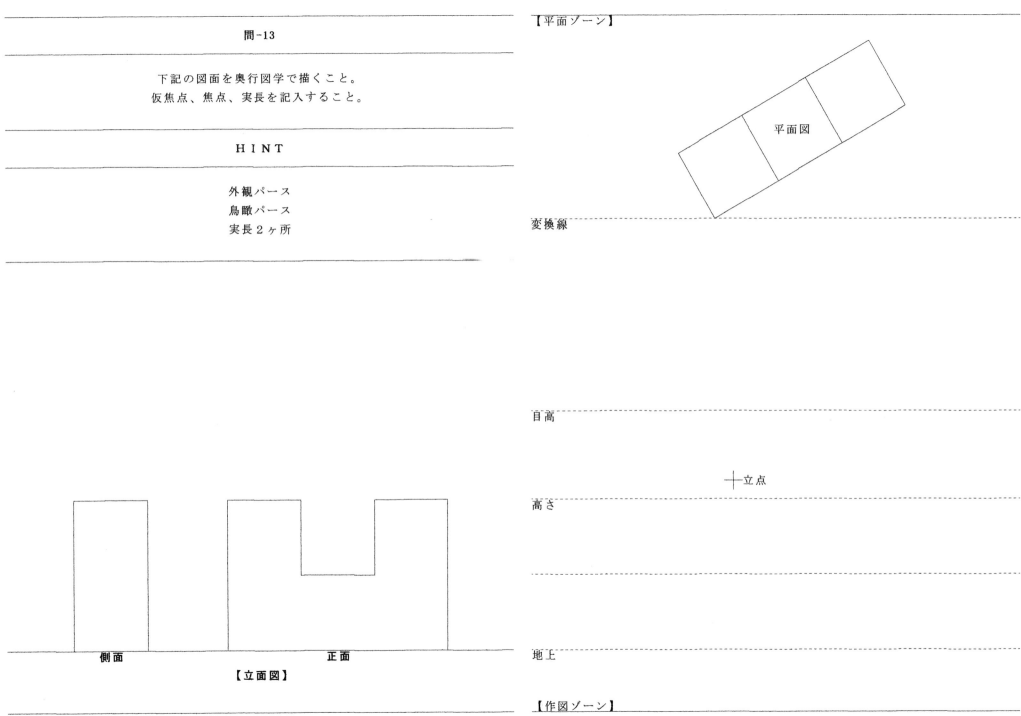

問-13

下記の図面を奥行図学で描くこと。
仮焦点、焦点、実長を記入すること。

HINT

外観パース
鳥瞰パース
実長2ヶ所

【立面図】

側面　　　　正面

【平面ゾーン】

平面図

変換線

目高

立点

高さ

地上

【作図ゾーン】

3本の平行線を描く。
作図ゾーンに実長を描く。
焦点に向けてパースラインを描く。

POINT

鳥瞰は少し難しい。

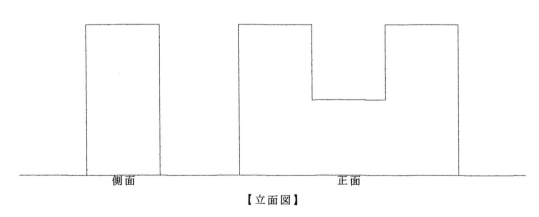

側面　　　　　　　正面

【立面図】

【平面ゾーン】

平面図

仮焦点
変換線
実　　　　　　　　　　　　　　　実

焦点　　　　　　　　　　　　　　目高

立点

高さ

地上　　　　　　実長　　　　　　実長

【作図ゾーン】

問-14

下記の図面を奥行図学で描くこと。
仮焦点、焦点、実長を記入すること。

ＨＩＮＴ

外観パース
鳥瞰パース
実長２ヶ所

正面　　　　　側面
【立面図】

【平面ゾーン】

平面図

変換線

目高

立点　＋

高さ

地上

【作図ゾーン】

答-14

3本の平行線を描く。

作図ゾーンに実長を描く。
焦点に向けてパースラインを描く。

POINT

斜めに抜く事を理解する。

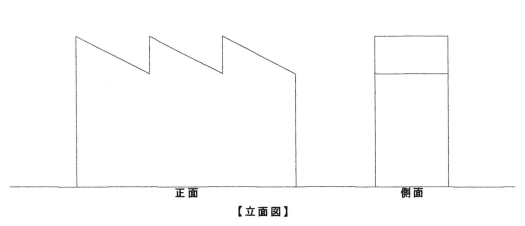

正面　　　　側面

【立面図】

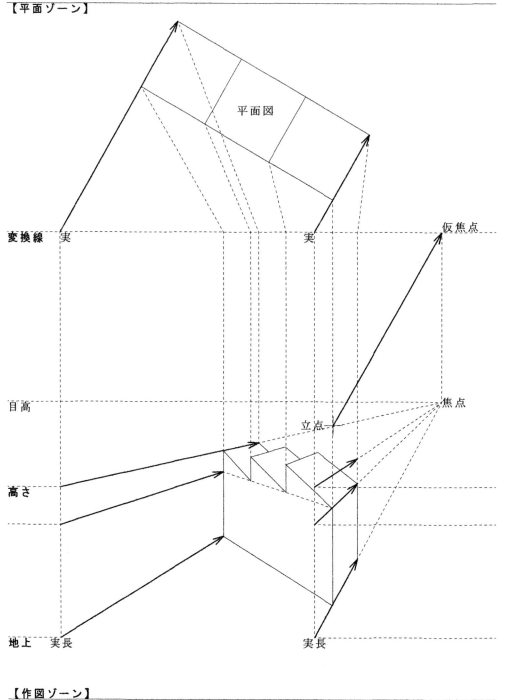

【平面ゾーン】

平面図

変換線　実　　　　　　　　実　　　　　仮焦点

目高　　　　　　　　　　　　　　　　　焦点

立点

高さ

地上　実長　　　　　　　　実長

【作図ゾーン】

問-15

下記の図面を奥行図学で描くこと。
仮焦点、焦点、実長を記入すること。

HINT

インナーパース。
実長2ヶ所

【平面ゾーン】

平面図

変換線

立点

高さ

目高

地上

正面　　　　　　側面

【立面図】

【作図ゾーン】

答-15

3本の平行線を描く。
作図ゾーンに実長を描く。
焦点に向けてパースラインを描く。

POINT

平行インナーパース基本。

正面　　　　　　側面

【立面図】

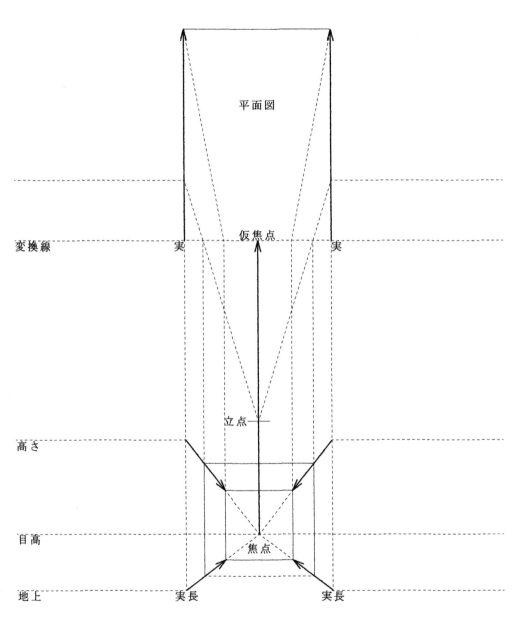

【平面ゾーン】

平面図

変換線　　　実　　　仮焦点　　　実

立点

高さ

目高　　　　　　　焦点

地上　　　実長　　　　　　実長

【作図ゾーン】

問-16

下記の図面を奥行図学で描くこと。
仮焦点、焦点、実長を記入すること。

HINT

インナーパース
実長2ヶ所

【正面立面図】

平面図

変換線

高さ

目高

床上

立点

【作図ゾーン】

答-16

3本の平行線を描く。
作図ゾーンに実長を描く。
焦点に向けてパースラインを描く。

POINT

平行インナーパース基本。

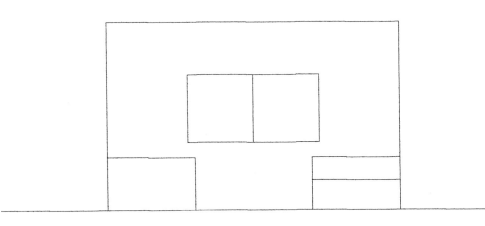

【正面立面図】

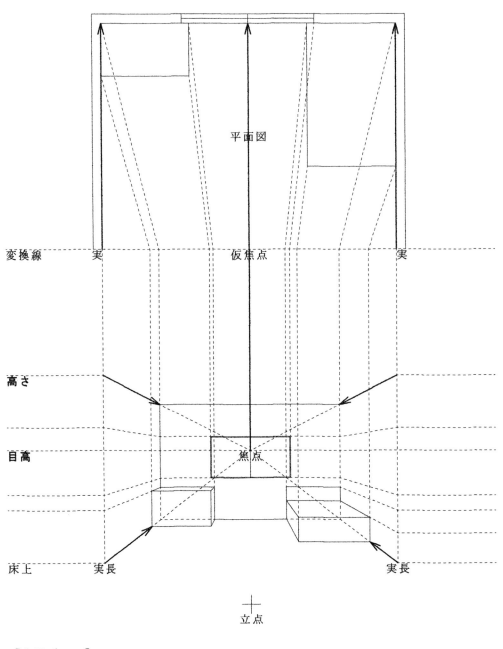

平面図

変換線　実　　　仮焦点　　　実

高さ

目高　　　焦点

床上　実長　　　　　　　実長

立点

■■■ Step 8 ■■■

図1

図2

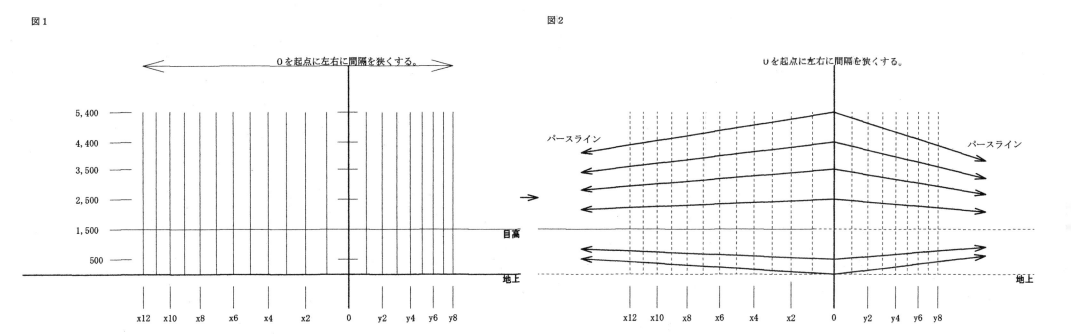

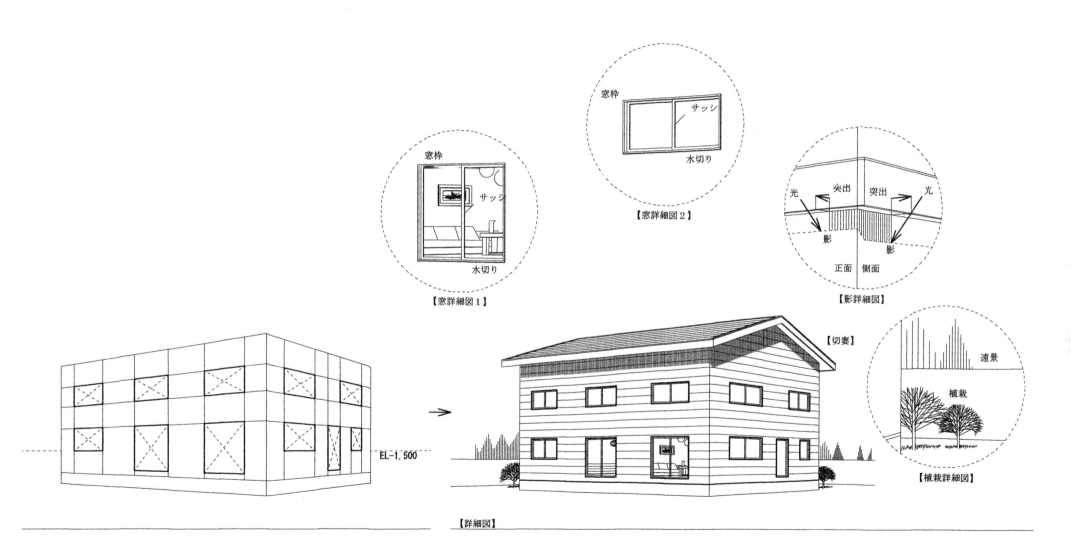

窓枠

サッシ

水切り

【窓詳細図２】

窓枠

サッシ

水切り

【窓詳細図１】

光　突出　突出　光

影　影

正面　側面

【影詳細図】

【切妻】

遠景

植栽

【植栽詳細図】

EL-1,500

【詳細図】

■■■　練習問題　■■■　17〜20　■■■

問-17

下記の図面を奥行図学で描くこと。
仮焦点、焦点、実長を記入すること。

HINT

外観パース
鳥瞰パース
実長4ヶ所

正面　側面

【立面図】

【平面ゾーン】

平面図　平面図

変換線

目高

高さ

地上

立点

【作図ゾーン】

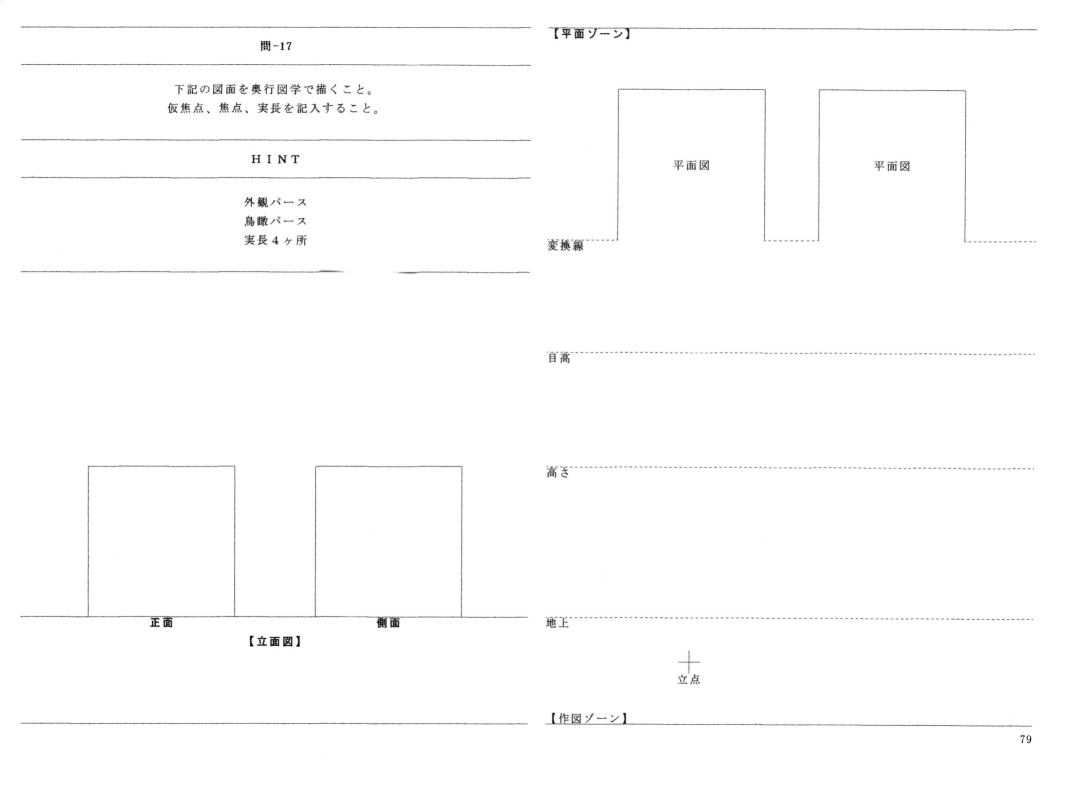

答-17

3本の平行線を描く。
作図ゾーンに実長を描く。
焦点に向けてパースラインを描く。

POINT

鳥瞰平行パースの基本。

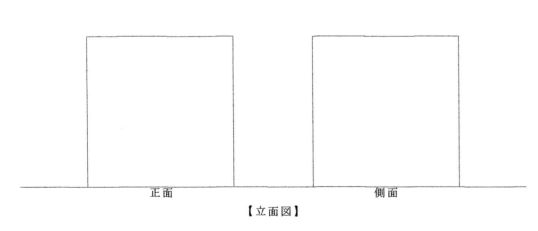

【立面図】

正面　　　　側面

【平面ゾーン】

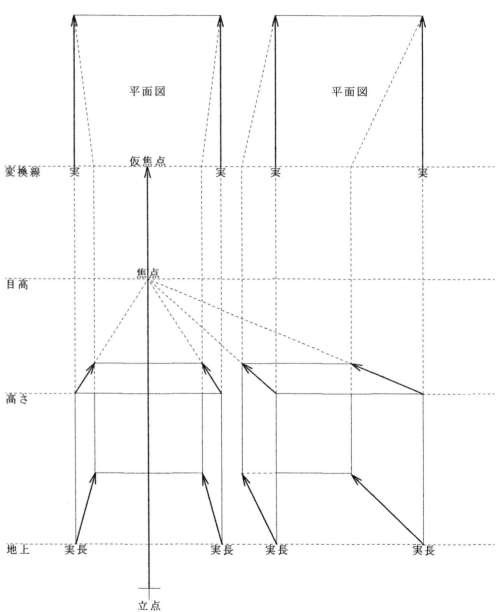

平面図　　　　　平面図

変換線　実　仮焦点　実　実　実

目高　焦点

高さ

地上　実長　　実長　実長　　実長

立点

【作図ゾーン】

問-18

下記の図面を奥行図学で描くこと。
仮焦点、焦点、実長を記入すること。

HINT

外観パース
鳥瞰パース
実長2ヶ所

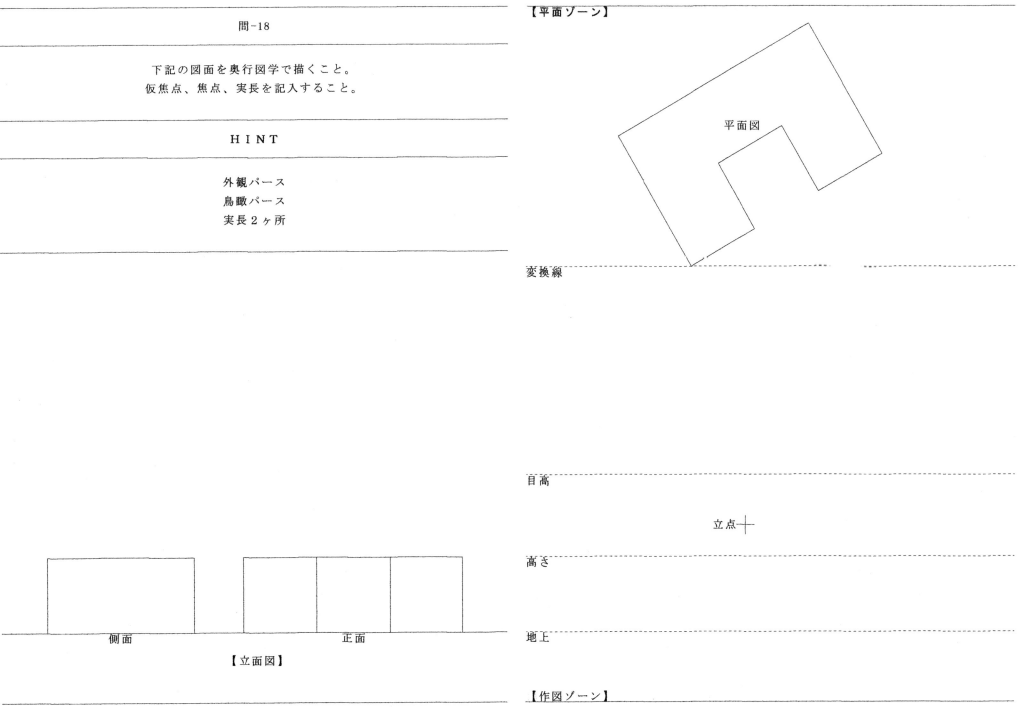

【平面ゾーン】

平面図

変換線

目高

立点

高さ

地上

側面　　　　　正面

【立面図】

【作図ゾーン】

答-18

3本の平行線を描く。
作図ゾーンに実長を描く。
焦点に向けてパースラインを描く。

POINT

鳥瞰外観パースの基本。

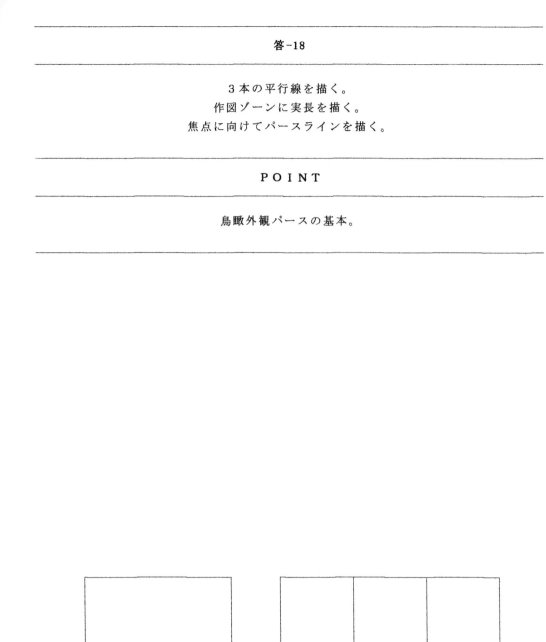

【立面図】

側面   正面

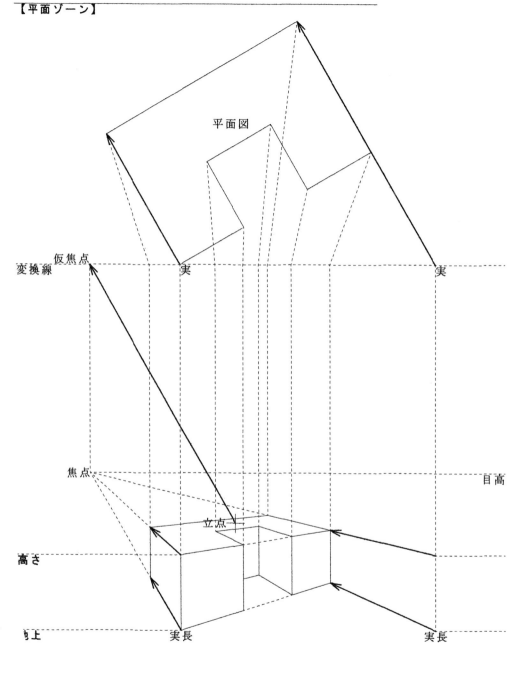

【平面ゾーン】

平面図

変換線　仮焦点　　　　実　　　　　　　　　実

焦点　　　　　　　　　　　　　　　　目高

立点

高さ

り上　　　　　　　実長　　　　　　　　実長

【作図ゾーン】

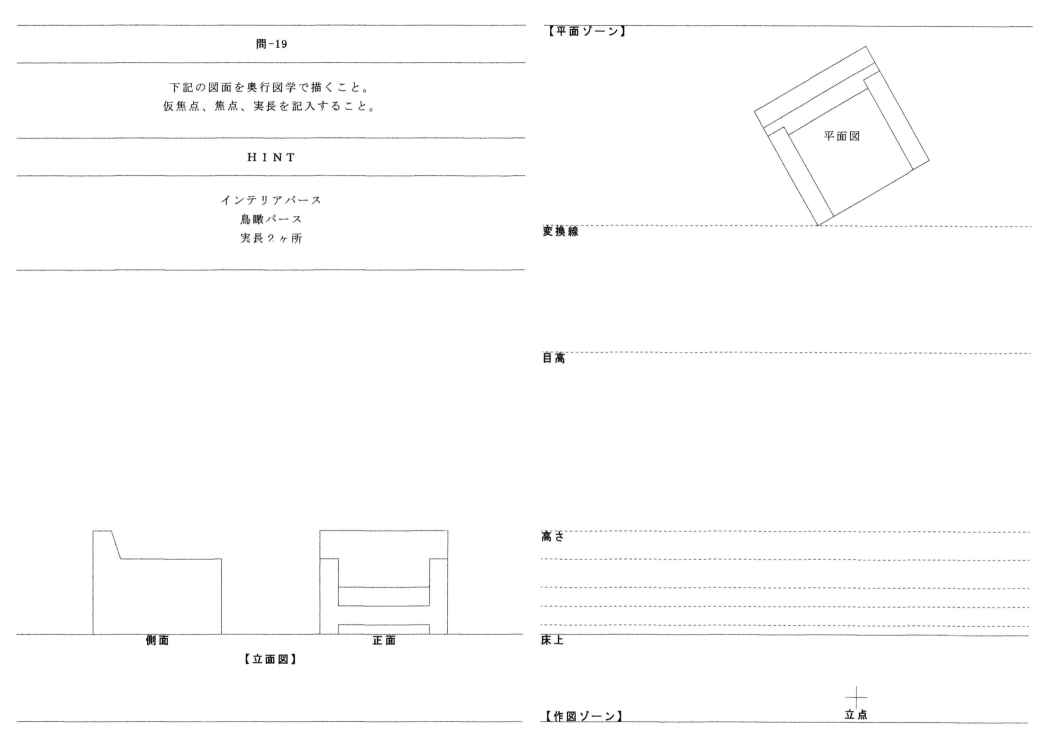

問-19

下記の図面を奥行図学で描くこと。
仮焦点、焦点、実長を記入すること。

HINT

インテリアパース
鳥瞰パース
実長2ヶ所

【平面ゾーン】

平面図

変換線

目高

高さ

床上

【立面図】

側面　　　正面

【作図ゾーン】

立点

3本の平行線を描く。
作図ゾーンに実長を描く。
焦点に向けてパースラインを描く。

POINT

家具を奥行図学で描く

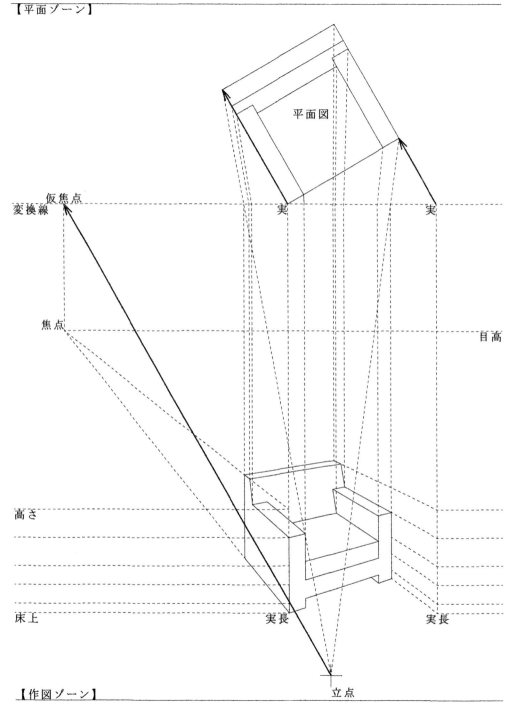

【平面ゾーン】

平面図

仮焦点
変換線　　実　　実

焦点　　　目高

高さ

床上　　実長　　実長

【作図ゾーン】

立点

側面　　正面

【立面図】

問-20

下記の図面を奥行図学で描くこと。
仮焦点、焦点、実長を記入すること。

HINT

外観パース
実長2ヶ所

【平面ゾーン】

平面図

変換線

正面　　　　　　　側面

【立面図】

高さ

立点 ＋

目高

地上

【作図ゾーン】

答-20

3本の平行線を描く。
作図ゾーンに実長を描く。
実長から焦点に向けてパースラインを描く。

POINT

最終問題です。
問題01から一回以上は繰り返すこと。

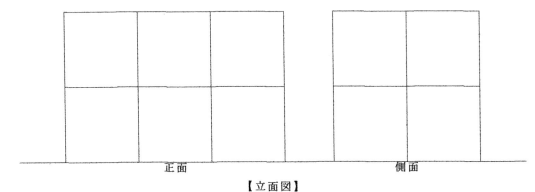

正面　　　　側面
【立面図】

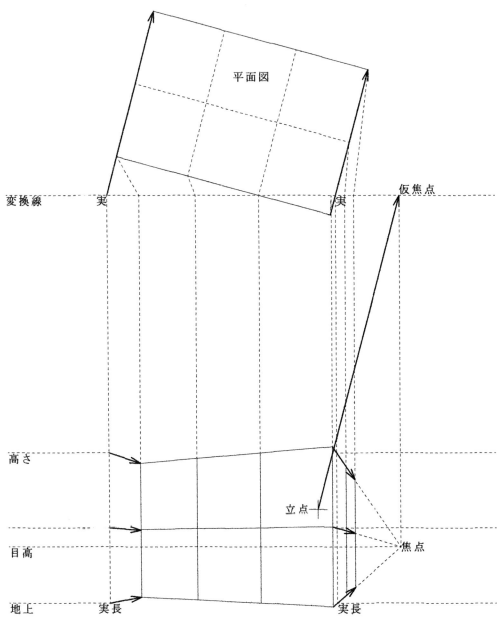

【平面ゾーン】

平面図

変換線　実　　　　　実　　仮焦点

高さ

立点

目高　　　　　　　　　　焦点

地上　実長　　　　　実長

【作図ゾーン】

あとがき

建築レンダラーとして奥行図学は以前から知っていたがこれを証明することは別のことです。
答えを知っていたから書けた本で、もっと解りやすく書けたらと残念に思います。

絵心がない人でも下図が描けるようにしたのが奥行図学で、
当書はこれを証明する本ではなく、これで描けるようにする本です。

パースの下図を描くには数学系図学の習得が必要で、
欧米の優れた数学系図学が蔑ろのままで良い訳がありません。

数学系「奥行図学」としたが

算数では、１０を３で割れないことは理解できる、
数学系図学では、計算なしで１０㎡を三分割できる。

「数学系図学の可能性」を信じた学者達が考案したのが奥行図学です。
欧米の大勢の学者達に依って「空間追究の英知」を積み重ねた成果が奥行図学です。
ポイントは「１度でも平面図を傾けるとパースに成る」と古代文献にあります。

■　現実空間から　「空間の万物は視線方向に小さく成る」ことを理解。
■　空間追究から　「視界の万物は視線から傾くと複焦点に成る」ことを理解。
■　数学系図学から「視界の万物は単一焦点で描ける」ことを理解できます。

日本で最初に奥行図学を用いたのは大手ゼネコン設計部と云われています。
高度経済成長期に欧米の高度建築技術と伴に伝来したが未だに蔑ろのままです。

透視図法は元々が絵を描く図法で、ルネッサンス期には既に美術系図法の限界を悟り新たな描き方を学者達に委ねています。
ＣＧ化が進み手描きの建築レンダラーも居なく成り、一部では透視図法を教える必要性を論じています。

今こそＣＧの基である数学系図学を見直し、奥行図学の必要性を論じる時です。
奥行図学は建築ＣＡＤでも作図可能で立体設計できるので空間デザインも自然に身に付きます。

時代が変わっても絵は手描きで描くもので、パースも手描きで描くものです。
建築レンダラーを目指していた頃に「下描き２年、塗り３年」と云われて一生懸命だった頃を想いだします。

最後まで読んで頂きどうも有難うございました。
一般の方に分かり易く説明できていれば幸いです。

Researcher Ikuo Higuchi

ルネッサンスからの奥行図学

2022年2月17日　第1刷発行

著　者　Ikuo Higuchi

発行者　太田宏司郎
発行所　株式会社パレード
　　　　大阪本社　〒530-0043　大阪府大阪市北区天満2-7-12
　　　　　　　　　TEL 06-6351-0740　FAX 06-6356-8129
　　　　東京支社　〒151-0051　東京都渋谷区千駄ヶ谷2-10-7
　　　　　　　　　TEL 03-5413-3285　FAX 03-5413-3286
　　　　https://books.parade.co.jp
発売元　株式会社星雲社（共同出版社・流通責任出版社）
　　　　　　　　　〒112-0005　東京都文京区水道1-3-30
　　　　　　　　　TEL 03-3868-3275　FAX 03-3868-6588
印刷所　創栄図書印刷株式会社